Editionen für den Literaturunterricht
Herausgegeben von Thomas Kopfermann

Erfahrene Erfindungen

Deutschsprachige Kurzgeschichten seit 1989

ausgewählt und mit Materialien versehen
von Sabine Grunow

Ernst Klett Schulbuchverlag Leipzig
Leipzig Stuttgart Düsseldorf

Die in den Fußnoten stehenden Erläuterungen wurden von der Bearbeiterin zum leichteren Verständnis des Textes hinzugefügt.

9 783123 510106

1. Auflage   1 8 7 6 | 2014

Alle Drucke dieser Ausgabe können im Unterricht nebeneinander benutzt werden, sie sind untereinander unverändert. Die letzte Zahl bezeichnet das Jahr dieses Druckes.

Die Texte und Materialien folgen der reformierten Rechtschreibung. Ausnahmem bilden Texte, bei denen künstlerische, philologische oder lizenzrechtliche Gründe einer Änderung entgegenstehen.

Materialien: © Ernst Klett Schulbuchverlag Leipzig GmbH, Leipzig 2004
Internet: www.klett.de
Alle Rechte vorbehalten.

Redaktion: Sabine Grunow, Jens Kapitzky
Umschlag: Sandra Schneider nach Entwürfen von MetaDesign, Berlin
Umschlagfoto und Kapitelauftaktfotos: Kerstin zu Pan @zu.pan.com, Berlin
Satz: Annett Semmler
Druck: Beltz Bad Langensalza GmbH

ISBN 3-12-351010-6

Inhaltsverzeichnis

Vorwort

Literarisches Leben findet mit Lebenden statt

Editionen welcher Art auch immer – gelb oder signalfarben im Cover – offerieren gemeinhin »Klassisches«: Kanonisiertes, Abgesichertes, Bewährtes. Jede Schülerin, jeder Schüler weiß das (und stöhnt gelegentlich darüber); jede Lehrerin, jeder Lehrer vertraut darauf (und klagt über Lehrplanzwänge). Gar nicht oder wenig kommt im Literaturunterricht das Gegenwärtige vor, das Zeitgenössische. Es ist dies die Literatur, die zeitgleich mit unserem Alltagsleben als Leser entsteht, aus unserer Zeit in unsere Zeit hineingeschrieben; noch nicht – außer durch die Verlagslektoren – überprüft, qualitativ eingeordnet, in die ministeriellen Listen des Lesenswerten aufgenommen (»pädagogisch wertvoll«). Vor dieser neuen Literatur gibt es nicht die Wissenden und die Dummen, die, die die richtige Deutung schon parat haben, und die, die im Fragennebel stochern müssen. Vor dieser neuen Literatur und für sie gibt es nur Leser – Leser mit ihren je eigenen Alltagserfahrungen und Liebhabereien, unterschiedlichen Lebenswelten und Verstehensvoraussetzungen. Diese Leser sind mündig, wenn und indem sie sich in der Tat ihres eigenen Verstandes bedienen, sich das literarische Urteil über das Neue nicht vorkauen lassen, nicht Sekundärliteratur oder Lektürehilfen wiederkäuen um einer besseren Note willen, sondern die Lektüre zu ihrer eigenen Sache machen: unter ihren Fragestellungen, mit ihren Wertungen, im Dialog mit dem neuen Text oder gar, was ja dann möglich wird, mit den lebenden Autoren selbst.

Das aber müssen sie, die Leser des ganz Neuen, Schüler wie Lehrer: sich auf die Lektüre ganz einlassen, sich zu ihr dialogisch in Beziehung setzen, den Text genau unter die Lupe nehmen, kritisch, wertend, erlebend und auch analysierend. Und auf dieser Entdeckungsreise in die terra incognita des Gegenwärtigen wird dann (zumindest) zweierlei entdeckt werden. Zum einen: welche Qualitätsunterschiede es da gibt, Gelungenes im Detail und Misslungenes im Ganzen und umgekehrt, im Sprachlichen, im Inhaltlichen, im plot, in der poetischen Logik undsoweiter. Und zum andern: dass das Gegenwärtige seinerseits sich im erkennbaren Dialog befindet mit dem Vergangenen, dass Literatur auf Literatur antwortet, dass wir unsere Wertungskriterien aus der kanonisierten Literatur gewinnen oder unbewusst mit uns herumtragen, dass wir ohne Geschichte Gegenwart nicht verstehen können, dass also Autoren der Vergangenheit höchst lebendig sind. Dann erst stimmt der Satz: Literarisches Leben findet mit Lebenden statt. Aber dazu brauchen wir als Leser die toten Lebenden und die lebenden Lebenden. Und dazu brauchen wir als Leser, zum Beispiel einer Edition wie dieser, gute und weniger gute literarische Produktionen unserer Zeit, an denen wir Kritik, und das heißt: Unterscheidungsvermögen lernen können – fürs (literarische) Leben. Und fürs Abitur.

Thomas Kopfermann

FLUCHTEN

Susanne Geiger
Flucht

Sie zählte Geld. Die Oma hatte ihr Fünfmarkstücke geschenkt, die sie in einem Glas sammelte. Auf dem Sparbuch hatte sie noch hundertzwanzig Mark. Sie könnte die Zugfahrt bezahlen und die erste Übernachtung. Danach würde sich schon etwas finden. Vielleicht würde sie am Bahnhof leben, wie die Berber. Die Berber hatten in S. ein großes Fest im Stadtpark gefeiert, und sie hatte mit ihnen geredet und aus ihren Bierflaschen getrunken. Sie würde zur Schule gehen und danach gleich zum Bahnhof. M. rückte nah. Musste es sein, sie wusste nicht warum, aber es war M. In M. schien immer die Sonne. Sie würde zu den Run-aways gehören, von denen es in Amerika so viele gab.

Am nächsten Tag, nachdem die Flucht beschlossen war, lag ein Brief auf ihrem Pult. Sie öffnete ihn unter der Bank. Kommst du zum Hartplatz? Siggi. Schon in den Ferien hatte sie eine Karte bekommen, ein Flugzeug war darauf, abgestempelt war sie am Flughafen. Siggi war mit seinen Eltern in den Urlaub geflogen. Sie drehte sich beim Lesen nicht nach Siggi um. Als sie in die Pause ging, streifte sie ihn beinahe, gab aber nicht zu erkennen, dass sie den Brief gelesen hatte.

Am Hartplatz spielten einige Jungen Fußball. Sie sah zuerst die Jungen, dann Siggi, der am Drahtzaun lehnte, mit dem Rücken zu den Spielern. Von der Kälte hatte er eine rote Nase. Er freute sich, sie zu sehen. Die Jungen hörten zu spielen auf, vielleicht waren es seine Freunde, sie kamen näher, der Torwart mit dem Ball unter dem Arm, stellten sich an den Zaun. Sie lächelte, der Torwart grinste zurück. Kommt ihr mit, sagte einer, zur Hütte? Klar, sagte Siggi. Sie ging, zusammen mit den vielen Jungen, zu den Feldern. Einer schloss die Scheune auf, sie kletterten nacheinander eine Leiter hinauf, der Dachstock war mit Matratzen ausgelegt. Sie saßen auf den feuchten Matratzen. Siggi hielt ihre Hand. Sie hatten beide kalte Hände. Jemand holte eine Flasche Apfelkorn hervor. Jeder nahm ein paar Schlucke und reichte die Flasche weiter. Sie war akzeptiert, weil Siggi bei ihr war.

Im Sommer würde sie ihn fragen, ob er mit ihr nach M. gehen wollte. Dort lagen die Menschen nackt im Englischen Garten.

Siggi nahm sie mit zu Mick, der eine Stereo-Anlage besaß. Mick hatte sie vom Sperrmüll geholt und repariert. Er zeigte die vielen Drähte auf der Rückseite des Geräts. Sie hörten Rolling Stones, so laut, dass sie sich nicht mehr unterhalten mussten.

Wo bist du gewesen, fragte die Mutter. Du stinkst nach Rauch. Sie sagte nichts. Die Mutter zog ihr den Kopf an den Haaren zurück und stieß sie ins Zimmer. Nirgends, sagte sie. Die Zigarettenschachtel hatte sie in der Socke versteckt. Die Mutter stieß sie aufs Bett und begann, mit beiden Fäusten auf sie einzuschlagen. Wenn sie sich wehrte, nahm die Mutter wieder die Haare und riss sie in Büscheln aus. Sie weinte nicht. Gegen die Wut der Mutter, die den Schlägen unheimliche Kraft verlieh, war nicht anzukommen. Die Mutter rief die Mutter von Siggi an. Sie konnten sich nur noch in der Pause sehen. Das war zu wenig, um gemeinsam eine Flucht zu planen.

Es wurde Frühling, es gab Ferien. Sie streunte herum, sprach mit Bauarbeitern und Gärtnern, die auf sie herunterblickten wie Väter und die Arbeit ruhen ließen, um mit ihr zu reden. Sie erzählte von München und die Arbeiter sagten, sie müsse mehr Geld sparen, mit zweihundert Mark käme sie nicht weit.

Sie lernte einen langhaarigen Jungen kennen, der von anderen nur mit seinem Nachnamen gerufen wurde. Sein Vater hatte ein Möbelgeschäft, das in ganz Deutschland Niederlassungen hatte. Krämer hatte schön geschwungene Lippen und blinzelte oft, weil ihm die Haare in die Augen fielen. Etwas Trauriges war in seinem Blick. Seine Eltern waren geschieden. Er wohnte bei seiner Mutter. Die Mutter hieß nicht Krämer.

Sie drückte auf die Klingel mit dem fremden Namen. Krämer öffnete im Schlafanzug, es war morgens um zehn. Seine Mutter sei nicht zu Haus, sagte er. Sie solle reinkommen. Dann redeten sie nicht mehr. Krämer legte sich wieder auf die Matratze, die auf dem Boden lag, deckte sich zu. Sie saß auf der Kante. Krämer schien wieder einschlafen zu wollen. Sie begann, ihn unter dem Schlafanzug zu streicheln. Auf dem Handgelenk spürte sie den Gummizug der Hose. Sie machte schneller, bis Krämer laut atmete.

Ihre Hand war nass. Krämer hatte sich zur Seite gedreht. Die Augen geschlossen. Wenn er aufwachte, würden sie nicht reden können. Sie stand auf und schlich aus der Wohnung, draußen schaute sie ihre Hand an, die glänzte.

Die Oma war gestorben und die Mutter telefonierte viel. Ein Grabstein musste ausgesucht und der Haushalt aufgelöst werden. Es
hieß, die Oma sei an Alkohol und Tabletten zugrunde gegangen.
Mitten in die Telefonate hinein klingelte es an der Tür. Die Mutter
5 legte den Hörer neben den Apparat und lief mit schnellen Schritten durch den Flur. Krämer mit einem Freund (er hätte Kumpel
gesagt) stand im Treppenhaus. Die Mutter rief ihren Namen und
blieb an der Tür stehen. Nein, ich habe jetzt keine Zeit, sagte sie,
sie war feige, meine Oma ist gestorben. Krämer blinzelte unter den
10 Haaren hervor. Na gut, dann nicht, sagte der Kumpel und zog Krämer die Treppe hinunter.
Solche Kerle will ich hier aber nicht mehr sehen, sagte die Mutter. Ihr fiel ein, dass Oma immer gesagt hatte, sie solle ihre Haare
schneiden lassen, man könne ihr Gesicht gar nicht sehen. Die
15 Oma hatte ihr auch empfohlen, mit einer Wäscheklammer auf der
Nase zu schlafen, damit sie ein wenig spitzer würde.
Auf dem Friedhof in der Stadt, wo die Oma gewohnt hatte, wurde
der Sarg, der schwarz glänzte, die Wege entlanggetragen, dann in
eine frisch ausgehobene Grube hinuntergelassen. Sie durfte eine
20 weiße Blume hineinwerfen. Die Eltern weinten nicht. Es sei gut so
gewesen, sagte die Mutter.
Die Schule hatte wieder angefangen, und sie gab ihr Geld für
Geschenke aus. Sie schenkte Wolf Schallplatten, die sie bei ihm
zusammen anhörten. Sie hielten sich an der Hand und schauten
25 zum Dachfenster hinaus auf die Felder. Wolf wohnte bei seiner
schwerhörigen Oma, er hatte das Stockwerk für sich allein. Die
alte Frau merkte nichts von ihrer Anwesenheit. Die Musik war wie
der gelbe Weizen. Dust in the Wind, all we are is dust in the wind,
sang der Bandleader. Manchmal streichelten sie Katzen, die immer
30 wieder ins Haus kamen. Wolf hatte weiche Lippen. Sie spürte gern
seine Zunge in ihrem Mund. Sie hätte ihn nicht nach Haus bringen dürfen, da er auf die Hauptschule ging. Sie legten sich ganz
nah aneinander und küssten sich. Es genügte. Einmal würden sie
in München miteinander leben, dachte sie.
35 Eines Abends, als die Eltern weggegangen waren, nahm sie Wolf
mit, und sie legten sich auf den Teppich im Wohnzimmer, bis es
dunkel wurde. Sie waren in M., beinahe.
(1997)

Sibylle Berg
Hauptsache weit

Und weg, hatte er gedacht. Die Schule war zu Ende, das Leben
noch nicht, hatte noch nicht begonnen, das Leben. Er hatte nicht
viel Angst davor, weil er noch keine Enttäuschungen kannte. Er
war ein schöner Junge mit langen dunklen Haaren, er spielte Gitarre, komponierte am Computer und dachte, irgendwie werde ich 5
wohl später nach London gehen, was Kreatives machen. Aber das
war später.
Und nun?
Warum kommt der Spaß nicht? Der Junge hockt in einem Zimmer,
das Zimmer ist grün, wegen der Neonleuchte, es hat kein Fenster 10
und der Ventilator ist sehr laut. Schatten huschen über den Be-
tonboden, das Glück ist das nicht, eine Wolldecke auf dem Bett,
auf der schon einige Kriege ausgetragen wurden. Magen gegen
Tom Yan, Darm gegen Curry. Immer verloren, die Eingeweide.
Der Junge ist 18, und jetzt aber Asien hatte er sich gedacht. Mit 15
1000 Dollar durch Thailand, Indien, Kambodscha, drei Monate
unterwegs und dann wieder heim, nach Deutschland. Das ist so
eng, so langweilig, jetzt was erleben und vielleicht nie zurück.
Hast du keine Angst, hatten die blassen Freunde zu Hause gefragt,
so ganz alleine? Nein, hatte er geantwortet, man lernt ja so viele 20
Leute kennen unterwegs. Bis jetzt hatte er hauptsächlich Mädchen
kennen gelernt, nett waren die schon, wenn man Leute mag, die
einen bei jedem Satz anfassen. Mädchen, die aussahen wie dreißig und doch so alt waren wie er, seit Monaten unterwegs, die
Mädchen, da werden sie komisch. Übermorgen würde er in Laos 25
sein, da mag er jetzt gar nicht dran denken, in seinem hässlichen
Pensionszimmer, muss Obacht geben, dass er sich nicht aufs Bett
wirft und weint, auf die Decke, wo schon die anderen Dinge drauf
sind. In dem kleinen Fernseher kommen nur Leute vor, die ihm
völlig fremd sind, das ist das Zeichen, dass man einsam ist, wenn 30
man die Fernsehstars eines Landes nicht kennt und die eigenen
keine Bedeutung haben. Der Junge sehnt sich nach Stefan Raab,
nach Harald Schmidt und Echt. Er merkt weiter, dass er gar nicht
existiert, wenn es nichts hat, was er kennt. Wenn er keine Zeitung
in seiner Sprache kaufen kann, keine Klatschgeschichten über ein- 35

11

heimische Prominente lesen, wenn keiner anruft und fragt, wie es
ihm geht. Dann gibt es ihn nicht. Denkt er. Und ist unterdessen
aus seinem heißen Zimmer in die heiße Nacht gegangen, hat
fremdes Essen vor sich, von einer fremdsprachigen Serviererin gebracht, die sich nicht für ihn interessiert, wie niemand hier. Das ist
wie tot sein, denkt der Junge. Weit weg von zu Hause, um anderen
beim Leben zuzusehen, könnte man umfallen und sterben in der
tropischen Nacht und niemand würde weinen darum. Jetzt weint
er doch, denkt an die lange Zeit, die er noch rumbekommen muss,
alleine in heißen Ländern mit seinem Rucksack, und das stimmt
so gar nicht mit den Bildern überein, die er zu Hause von sich
hatte. Wie er entspannt mit Wasserbüffeln spielen wollte, in Stra-
ßencafés sitzen und cool sein. Was ist, ist einer mit Sonnenbrand
und Heimweh nach den Stars zu Hause, die sind wie ein Geländer
zum Festhalten. Er geht durch die Nacht, selbst die Tiere reden
ausländisch, und dann sieht er etwas, sein Herz schlägt schneller. Ein Computer, ein Internet-Café. Und er setzt sich, schaltet
den Computer an, liest seine E-Mails. Kleine Sätze von seinen
Freunden, und denen antwortet er, dass es ihm gut gehe und alles
großartig ist, und er schreibt und schreibt und es ist auf einmal
völlig egal, dass zu seinen Füßen ausländische Insekten so groß wie
Meerkatzen herumlaufen, dass das fremde Essen im Magen drückt.
Er schreibt seinen Freunden über die kleinen Katastrophen und
die fremde Welt um ihn verschwimmt, er ist nicht mehr allein,
taucht in den Bildschirm ein, der ist wie ein weiches Bett, er denkt
an Bill Gates und Fred Apple, er schickt ein Mail an Sat 1, und für
ein paar Stunden ist er wieder am Leben, in der heißen Nacht weit
weg von zu Hause.

(2001)

12

FAMILIENBANDE

Milena Moser
Der Hund hinkt

Sonntagmorgen. Spaziergang. Mutter, Vater, der Hund und ich. Und Rob natürlich auch. Der Hund hinkt. Der Vater hinkt. Die Mutter geht voran, dann kommt die hinkende Fraktion und zuletzt ich. Rob immer irgendwo dazwischen.

5 Mutter streckt der Welt das Kinn entgegen: Wag es, etwas zu sagen! Wag es nur! Etwas zu sagen über das Hinken. Bevor der Hund zu hinken begann, war er schon ein Windhund, also dünn.

»Kriegt der Hund denn nichts zu essen?«, fragten die Spaziergänger aus der Gegenrichtung.

10 »Schon«, antwortete meine Mutter bissig. »Aber mein Mann frisst ihm alles weg.« Und sie zeigte mit dem Kinn nach hinten auf Vater, der einen gemütlichen runden Bauch von hundert Kilo vor sich her trug und schüchtern lächelte. Dann verunfallte der Hund, und Vater begann Squash zu spielen. Jetzt hinkt der Hund, sein

15 Bein ist krumm, dass er dünn ist, fällt niemandem mehr auf. Vater ist, na ja, nicht gerade dünn, aber ohne Bauch und hundert Kilo.

Ich lasse meine Haare wachsen. Vorne über die Augen. Lange Fransen sind Mode und Dauerwellen, schwere Locken auf der Stirn,

20 darunter Pickel, Locken bis über die Augenbrauen. Ich schaue auf den Boden vor mir, auf den Spazierweg. Ich sehe nicht, wer mir entgegenkommt. Harry hat mir einen Zettel zugesteckt:

»Ich liebe dich.

Ich will mit dir gehen.

25 Liebst du mich auch?«

Vermutlich handelt es sich um einen Scherz. Ein Scherz-Liebesbrief. Das wird manchmal gespielt in der Schule. In der Pause kann man dann zuschauen, wie das Mädchen nervös auf den völlig ahnungslosen Jungen zusteuert, so haben alle was zu lachen. Manch-

30 mal wird aus dem Scherz aber auch Ernst und aus der Peinlichkeit wahre Liebe. Alles schon dagewesen.

Der Hund wurde vom Auto überfahren. Mein Vater hat ihn gefunden, auf dem Weg zur Arbeit, er hat angehalten mitten auf der Straße, hat den Hund aufgehoben und auf die Rückbank gelegt.

35 Ist zum Tierarzt gefahren, in seinen Armen hat er den blutenden

Hund in die Praxis getragen. Kein Gedanke an den guten Anzug. Das hat den Tierarzt so beeindruckt, dass er den Hund gerettet hat. Eigentlich müsste man das Tier einschläfern in so einem Zustand. Aber vor Rührung hat er den Hund gerettet, und erst dann hat Vater daran gedacht, seine Sekretärinnen anzurufen. So etwas hat der Tierarzt noch nicht erlebt.

Als wir den Hund abholten, Mutter und ich, hat er die Tür zum Wartezimmer aufgemacht und gesagt: »Sehen Sie? Nicht ein Mann im Wartezimmer, nicht ein Mann, der sich um sein Tier kümmert, das ist doch nicht normal, in was für einer Zeit leben wir eigentlich, ist der Hund nicht der edelste Freund des Menschen?«

Jetzt hat der Hund ein krummes Bein und die Leute regen sich auf. Vater hat auch ein krummes Bein. Einen schwachen Fuß, der die Belastung nicht mehr trägt. Bänderriss, beim Squashspielen, viermal operiert. Vater hat die Zeit nicht, stillzuliegen, ist immer viel zu früh aufgestanden, Nachthemd ausgezogen, Anzug an und ist zur Arbeit gefahren. Die Sekretärinnen, Frau Hänggi und Frau Huber, eigentlich beide Fräulein, aber das sagt man heute nicht mehr, haben die Hände über dem Kopf zusammengeschlagen und Mutter angerufen. Aber da kann man nichts machen. Der Mann muss einfach arbeiten. Irgendwann ist das Gelenk steif geblieben, das Bein dünn geworden, das Hinken Teil von Vater.

»Den Frauen gefällt so was ja, Gott sei Dank«, sagt Vater, »eine kleine Schwachstelle an einem starken Mann. Hahaha!«

Mutter findet das nur mäßig lustig. Sie hat eine tiefe Falte zwischen beiden Augenbrauen, sie sieht auch böse aus, wenn sie es gar nicht ist, wenn sie eigentlich lustig ist.

Ich lasse die Haare wachsen. Unter den Fransen denke ich über eine Anzeige nach, die ich auf der letzten Seite einer Illustrierten gefunden habe: Der Sauna-Anzug! Schmilzt Ihren überflüssigen Körper einfach weg! Eine glänzende Tonne, oben und unten zugeschnürt. Eine Stunde pro Tag und alles schmilzt weg. Ich denke darüber nach, wie ich den Sauna-Anzug bestellen soll, ohne dass meine Mutter etwas merkt. Wie ich ihn bezahlen soll, ohne dass meine Mutter etwas merkt. Wie ich ihn benutzen soll, ohne dass meine Mutter etwas merkt.

»Das ist doch absoluter Blödsinn«, sagt sie mit ihrer scharfen Falte zwischen den Brauen. »Fang bloß nicht so einen Blödsinn an!

Wenn du abnehmen willst«, sagt meine Mutter, »dann iss vernünftig: von allem nur noch die Hälfte! Gemüse! Früchte! Und beweg dich mal ein bisschen! So lahm hinter uns herschlurfen und dann in die Saunatonne kriechen, ich bitte dich!«

5 Was weiß denn sie, sie ist klein und zierlich, aber nicht zu dünn, genau das, was man »eine weibliche Figur« nennt, niemand würde behaupten, sie nähme zu viel Platz ein. Ich hingegen bin groß und dick und überall im Weg.

»Ach was«, sagt Vater, »du bist genau richtig. Die Brüste vielleicht
10 etwas zu klein im Vergleich zum Bauch, aber das kann ja noch kommen, du bist ja noch jung!«

Der Sauna-Anzug geht bis zum Hals. Vielleicht schmelzen die Brüste auch weg, das Wenige. Das wäre nicht gut.

»Sieh, der Hund hinkt!«

15 »Na und?« Mutter reckt das Kinn. »Mein Mann hinkt auch, was sagen Sie dazu?«

Nichts, sagen die Spaziergänger. Irritiert gehen sie weiter, in die Gegenrichtung, an uns vorbei, sie haben es ja nur gut gemeint.

Warum wir jeden Sonntag einen Spaziergang machen? Der Hund
20 muss raus. Ich muss raus. Frische Luft, in meinem Alter das Beste. Auch Vater muss raus, der arbeitet nämlich zu viel, jeden Tag von früh bis spät, und wann würde ich ihn denn mal sehen, wenn nicht sonntags beim Spaziergang. Wann würden wir Rob denn mal sehen.

25 Meine Mutter geht voraus in sauber geputzten beigen Laufschuhen mit Keilabsatz, die Fußspitzen nach außen gedreht, eine gebügelte, karierte Bluse, den Kragen unter dem Pullover hochgestellt, dehnbare Hose, Jacke ohne Fleck. In der Jackentasche frisch gebügeltes Taschentuch, Hundekuchen, Lippenstift, Kleingeld. Für alles
30 vorgesorgt. Von früh bis spät arbeitet Mutter an sich, vermutlich härter sogar als Vater, jedenfalls ohne die Hilfe zweier Sekretärinnen. Deshalb die Falten um den Mund, der Mund kräuselt sich vor Anstrengung.

Wir gehen immer einen anderen Weg. Aber das Ziel ist immer dasselbe: Rob. Mein Bruder. Und dann das Essen. Mutter kann böse
35 werden, wenn kein Tisch frei ist in dem Landgasthof, oder nur ein Tisch, der ihr nicht gefällt, wenn die Speise, auf die sie sich gefreut oder besser eingestellt hat, nicht auf der Karte steht.

Dann blinzelt Vater mir zu, er nimmt den Sonntag ganz gelassen hin, am Montag fährt er dann wieder zur Arbeit und ist ein großer Mann. Am Sonntag fügt er sich meiner Mutter. Den Rest der Woche verbringt er im Büro. Und lässt mich mit ihr.

Und Rob.   5

Ich frage mich manchmal schon, was er sich dabei denkt. Viele Leute haben Angst vor meinem Vater. Seine Sekretärinnen zum Beispiel. Frau Huber und Frau Hänggi. Die zucken immer zusammen, wenn er seinen Kopf durch die Tür streckt, die sehen immer aus, als fragten sie sich, was sie wieder falsch gemacht haben. Ir-   10
gend etwas fällt einem ja immer ein.

Die sollten Vater mal am Sonntag sehen. Da macht er genau so ein Gesicht. Wie Frau Huber und Frau Hänggi unter der Woche. Papa fällt ein wenig zurück, geht etwas langsamer, das Tempo, das Mama anschlägt, ist ihm zu viel. Mit seinem Bein.   15

»Wie läuft's denn so?«, fragt er. »In der Schule und so. Alles cool?«

»Ich habe einen Liebesbrief bekommen«, erzähle ich. »Von Harry.«

»Harry wie noch?«

»Harry Schneebeli.«   20

»Kenn ich nicht.«

Vater kennt alle Leute im Ort, oder zumindest alle, die er für wichtig hält. Wen er nicht kennt, kann nicht wichtig sein.

»Du bist ohnehin viel zu jung, um einen Freund zu haben. Mach bloß deinen alten Vater nicht eifersüchtig!« Er drückt mich kurz   25
an sich, so heftig, dass ich das Gleichgewicht verliere, dann geht er wieder schneller. Nach vorn zum Hund, zu Mutter. Ich stelle mir vor, wie er im Geist seine Liste abhakt: Mit Kind gesprochen – Interesse gezeigt – Zuneigung demonstriert.

»Lieber Harry,   30

vermutlich erlaubt sich jemand einen Scherz mit uns.

Aber ich mag dich trotzdem.

Ja, ich will mit dir gehen.

Jetzt gerade.«

Jetzt läuft Vater hinter Mutter her. Einen halben Schritt hinter ihr.   35
Versucht sie einzuholen. Sie geht schnell, sportlich, gleichmäßig. Sie beachtet ihn nicht. Ihr Rücken ist schon wieder wütend. Wütend auf ihn vermutlich. Daher die Falten zwischen den Augen.

Mutter ist das Produkt harter Arbeit. Arbeit und Mühe. Die Haare getönt, das Gesicht geschminkt, die Figur geturnt, die Wäsche gebügelt, jeden Tag alles neu gebügelt, nur warme, frisch gebügelte Wäsche kommt an ihre Haut. Das alles braucht Zeit. Nach einem genauen Plan putzt sie das Haus, legt alles an seinen Platz, alles ist in Ordnung, alles ist sauber, alles ist vorgeplant. Nichts kann passieren.

Vater hinkt hinter ihr her. Sie schüttelt ihn ab. Schon wieder hat sie eine Wut auf ihn im Rücken, im Nacken, im Haar, die ganze Frisur starrt vor Wut. Sie bleibt plötzlich stehen und dreht sich nach mir um.»Schau doch!« ruft sie.»Wie schön das alles ist!«

Ich bleibe ebenfalls stehen.

»Nun schau doch!«

Ich puste meine Franse aus der Stirn und schaue höflichkeitshalber in die richtige Richtung. Als ich noch kleiner war, hat Mutter ihre Hand wie eine Klammer auf meinen Kopf gelegt und in die Richtung gedreht, die sie meinte, die Natur meistens.

»Ja, schön«, sage ich, ohne genau zu wissen, was sie meint. Ich habe mir angewöhnt zu sagen, was sie hören will, das ist am einfachsten so. Für alle am einfachsten.

Links der Eingang zum Friedhof. Jeden Sonntag kommen wir aus einer anderen Richtung, gehen einen anderen Weg. Dann stehen wir vor dem Grab. Mutter steht ganz vorn, ganz nah am Grab, sie atmet heftig. Sie schaut böse. Schaut den Grabstein böse an. Als wäre sie auf ihn böse, meinen Bruder.

Robert Röthlisberger

Zehn Jahre alt.

Gott hat ihn zu sich geholt.

Ich glaube nicht, dass Gott etwas damit zu tun hatte. Es war der Krebs. Das kann man aber nicht auf den Grabstein schreiben. Aber was weiß ich denn. Ich kann mich auch nicht richtig erinnern. Ich war zu klein. Noch ein Kind. Rob war im Krankenhaus, Mutter war im Krankenhaus, Vater war im Büro. Ich bei Oma, die den ganzen Tag weinte und sagte:»Wenigstens haben sie noch dich!« Daran erinnere ich mich. Leider hatte ich dann nicht sehr viel zu bieten. Keinesfalls genug.

Mutter bückt sich und rupft ein paar Unkrautstengel aus.

»Aber den Hund!«, zischt sie plötzlich, »den Hund«, stößt sie durch die fest geschlossenen Zähne. »Den Hund hast du gerettet! Das dann schon! Dafür hast du wieder Zeit gehabt!«

Der Landgasthof hat Betriebsferien. 5

»Dass du das nicht gewusst hast«, sagt Vater, recht gehässig für einen Sonntag, »du weißt doch sonst immer alles.«

Mama steht und starrt auf die Schiefertafel, auf der mit Kreide angeschrieben steht: Betriebsferien. Sie weint. Sie sucht das Taschentuch. Ein dickes Schwein ist auch auf der Tafel. Glück für wen? Für 10 die, die Betriebsferien haben. Der Hund rennt schon wieder weg. Auf die große Straße zu. Das lenkt uns dann ab und dieser Sonntag geht auch vorbei.

(1998)

Peter Stamm
Der Besuch

Das Haus war zu groß. Die Kinder hatten es ausgefüllt, aber seitdem Regina allein darin wohnte, war es größer geworden. Ganz
langsam hatte sie sich aus den Räumen zurückgezogen, war ihr
ein Zimmer nach dem anderen fremd geworden und schließlich
5 abhanden gekommen.
Nachdem die Kinder ausgezogen waren, hatten sie und Gerhard
sich ein wenig ausgebreitet. Vorher hatten sie das kleinste Zimmer im Haus bewohnt, jetzt war endlich Platz für alles, für ein
Arbeitszimmer, für ein Näh- und ein Gästezimmer. Dort würden
10 die Kinder schlafen, wenn sie zu Besuch kamen, die Enkelkinder.
Aber es gab nur ein Enkelkind. Martina war die Tochter von Verena, die mit einem Schreiner verheiratet war im Nachbardorf. Als
Martina klein war, hatte Regina sie ein paar Mal gehütet. Aber
Verena wollte immer, dass die Mutter zu ihr komme. Auch Otmar
15 und Patrick, Reginas Söhne, blieben nie über Nacht. Lieber fuhren
sie spätabends in die Stadt zurück. Schlaft doch hier, sagte Regina
jedes Mal, aber die Söhne mussten früh zur Arbeit am nächsten Tag
oder fanden sonst einen Grund zu fahren.
Erst hatten die Kinder noch Schlüssel gehabt zum Haus. Regina
20 hatte sie ihnen fast aufgedrängt, die großen alten Schlüssel. Es
war selbstverständlich gewesen für sie. Aber mit den Jahren hatte
eines nach dem anderen seinen Schlüssel zurückgegeben. Sie hätten Angst, sie zu verlieren, sagten sie, sie könnten ja klingeln, die
Mutter sei doch immer zu Hause. Und wenn etwas passiert? Sie
25 wussten ja, wo der Kellerschlüssel versteckt war.
Einmal blieben die Kinder dann doch über Nacht, alle drei, als Gerhard im Sterben lag. Regina hatte sie angerufen, und sie kamen, so
schnell sie konnten. Sie kamen ins Krankenhaus und standen um
das Bett herum und wussten nicht, was sagen oder tun. Die Nacht
30 über lösten sie sich ab, und wer nicht im Krankenhaus war, war
im Haus. Regina bezog die Betten und entschuldigte sich bei den
Kindern, weil in Verenas Zimmer die Nähmaschine stand und bei
Otmar der große Schreibtisch, den Gerhard für wenig Geld hatte
kaufen können, als die Firma neue Büromöbel anschaffte. Regina
35 hatte sich hingelegt, um sich etwas auszuruhen, aber sie konn-

te nicht schlafen. Sie hörte die Kinder in der Küche leise reden. Am Morgen gingen sie alle zusammen ins Krankenhaus. Verena schaute immer wieder auf die Uhr, und Otmar, der älteste, telefonierte mit seinem Mobiltelefon, um Termine abzusagen oder zu verschieben. Gegen Mittag starb der Vater, und Regina und die Kinder gingen nach Hause und taten, was zu tun war. Aber schon an diesem Abend fuhren wieder alle. Verena hatte gefragt, ob es in Ordnung sei, ob die Mutter zurechtkomme, und versprach, früh am nächsten Tag da zu sein. Regina schaute den Kindern nach und sah, wie sie vor dem Haus miteinander redeten. Sie fühlte sich ihnen ausgeliefert. Sie wusste, worüber sie sprachen.

Nach Gerhards Tod war das Haus noch leerer. Im Schlafzimmer öffnete Regina die Läden tagsüber nicht mehr, als fürchte sie sich vor dem Licht. Sie stand auf, wusch sich und machte Kaffee. Sie ging zum Briefkasten und holte die Zeitung. Das Schlafzimmer betrat sie den ganzen Tag über nicht. Irgendwann, dachte sie, würde sie nur noch das Wohnzimmer und die Küche bewohnen und durch die anderen Räume gehen, als lebten Fremde darin. Dann fragte sie sich, welchen Sinn es überhaupt gehabt hatte, das Haus zu kaufen. Die Jahre waren vorübergegangen, die Kinder wohnten jetzt in ihren eigenen Häusern, die sie nach ihrem Geschmack eingerichtet hatten und die praktischer waren und voller Leben. Aber auch diese Häuser würden sich irgendwann leeren.

Im Garten gab es ein kleines Vogelbad, und im Winter fütterte Regina die Vögel, lange bevor Schnee lag. Sie hängte kleine Fettkugeln in den Japanischen Ahorn, der vor dem Haus stand. In einem sehr kalten Winter erfror der Baum, im nächsten Frühling schlug er nicht mehr aus und musste gefällt werden. Im Sommer ließ Regina nachts die Fenster im oberen Stock offen stehen und hoffte, ein Vogel oder eine Fledermaus verirre sich in die Räume oder nistete sich ein.

Wenn ein Geburtstag zu feiern war, lud Regina die Kinder ein, und manchmal hatten wirklich alle Zeit und kamen. Regina kochte das Mittagessen und wusch ab in der Küche. Sie machte Kaffee. Als sie in den oberen Stock ging, um eine Packung Kaffee zu holen, standen die Kinder da in ihren alten Zimmern wie Museumsbesucher, scheu oder unaufmerksam. Sie lehnten an den Möbeln oder hockten auf dem Fensterbrett und redeten über Politik, über die letzten Ferien, über ihre Arbeit. Beim Essen hatte Regina immer wieder versucht, das Gespräch auf den Vater zu bringen, aber die Kinder waren dem Thema ausgewichen und schließlich hatte sie es aufgegeben.

5 Diese Weihnachten war Verena zum ersten Mal nicht nach Hause gekommen. Sie verbrachte die Feiertage mit ihrem Mann und Martina in den Bergen, im Ferienhaus der Schwiegereltern. Regina hatte die Geschenke wie immer auf dem Kleiderschrank im Schlaf- zimmer versteckt, als könne jemand danach suchen. Sie bereitete
10 das Weihnachtsessen vor. Sie leerte die Abfälle auf den Kompost- haufen, auf dem noch ein Rest Schnee lag. Es hatte vor einer Woche etwas geschneit und war seither kalt gewesen, trotzdem war der meiste Schnee verschwunden. Regina versuchte, sich zu erinnern, wann es zum letzten Mal weiße Weihnachten gegeben
15 hatte. Dann ging sie wieder ins Haus und stellte das Radio an. Auf allen Kanälen lief Weihnachtsmusik. Regina stand am Fenster. Sie hatte kein Licht gemacht. Sie schaute hinüber zu den Nachbarn. Als sie das Licht schließlich einschaltete, erschrak sie und machte es gleich wieder aus.
20 An Reginas fünfundsiebzigsten Geburtstag kam die ganze Familie zusammen. Sie hatte alle in ein Restaurant eingeladen. Das Essen war gut, es war ein schönes Fest. Otmar und seine Freundin gingen als erste nach Hause, Patrick ging kurz danach und dann verab- schiedeten sich auch Verena und ihr Mann. Martina hatte ihren
25 Freund mitgebracht, einen Australier, der für ein Jahr als Aus- tauschschüler mit ihr aufs Gymnasium ging. Sie sagte, sie wolle noch nicht heim. Es gab Streit, da sagte Regina, Martina könne doch bei ihr übernachten. Und ihr Freund? Sie habe ja genug Zim- mer, sagte Regina. Sie begleitete Verena und ihren Mann hinaus.
30 »Du passt auf, dass sie keine Dummheiten macht«, sagte Verena. Regina ging zurück in die Gaststube und bezahlte die Rechnung. Sie fragte Martina, ob sie noch irgendwo hingehen wolle mit ihrem Freund, sie könne ihr einen Schlüssel geben. Aber Martina schüttelte den Kopf und der Freund lächelte.
35 Zu dritt gingen sie nach Hause. Der Australier hieß Philip. Er sprach kaum Deutsch und Regina hatte seit vielen Jahren kein Englisch mehr gesprochen. Als junge Frau hatte sie ein Jahr in England verbracht, kurz nach dem Krieg, hatte bei einer Familie

gewohnt und sich um die Kinder gekümmert. Es war ihr damals gewesen, als käme sie erst richtig auf die Welt. Sie lernte einen jungen Engländer kennen, ging an ihren freien Abenden mit ihm in Konzerte und in Pubs und küsste ihn auf dem Nachhauseweg. Vielleicht hätte sie in England bleiben sollen. Als sie in die Schweiz 5 zurückkehrte, war alles anders.

Regina schloss die Tür auf und machte Licht. That's a nice house, sagte Philip und zog die Schuhe aus. Martina verschwand im Bad, um zu duschen. Regina brachte ihr ein Handtuch. Durch das Milchglas der Duschkabine sah sie Martinas schlanken Körper, den 10 in den Nacken gelegten Kopf, das lange dunkle Haar, ein Fleck.

Regina ging in die Küche. Der Australier hatte sich an den Tisch gesetzt. Er hatte einen winzigen Computer auf den Knien. Sie fragte ihn, ob er etwas trinken wolle. Do you want a drink, sagte sie. Der Satz klang wie aus einem Film. Der Australier lächelte und sagte 15 etwas, was sie nicht verstand. Er winkte sie zu sich und zeigte auf den Bildschirm seines Computers. Regina trat zu ihm und sah das Luftbild einer Stadt. Der Australier zeigte auf einen Punkt. Regina verstand nicht, was er sagte, aber sie wusste, dass er dort wohnte und dass er dorthin zurückkehren würde, wenn das Jahr hier vor- 20 über war. Ja, sagte sie, yes, nice und lächelte. Als der Australier auf eine Taste drückte, entfernte sich die Stadt und man sah das Land und das Meer, ganz Australien und schließlich die ganze Welt. Er schaute Regina mit einem triumphierenden Lächeln an und es war ihr, als sei sie ihm viel näher als ihrer Enkelin. Sie wollte ihm näher 25 sein, weil er Martina verlassen würde, wie Gerhard sie verlassen hatte. Diesmal wollte sie auf der Seite der Stärkeren sein, auf der Seite derer, die gingen.

Regina bezog das Bett in Otmars Zimmer. Martina war heraufgekommen. Sie hatte sich wieder angezogen. 30

»Soll ich dir einen Pyjama geben?«, fragte Regina.

»Wir können in einem Bett schlafen«, sagte Martina, als sie sah, dass Regina zögerte. »Du musst es Mama ja nicht auf die Nase binden.«

Sie legte der Großmutter den Arm um die Schultern und küsste sie 35 auf die Wange. Regina schaute ihre Enkelin an. Sie sagte nichts. Martina folgte ihr die Treppe hinunter und in die Küche, wo Philip etwas in seinen Computer tippte. Martina stellte sich hinter seinen

23

Stuhl und legte ihm die Hände auf die Schultern. Sie sagte etwas auf englisch zu ihm.

»Wie gut du das kannst«, sagte Regina. Martina kam ihr sehr erwachsen vor in diesem Augenblick, vielleicht zum ersten Mal, erwachsener als sie selbst, voll von der Kraft und Zuversicht, die Frauen brauchten. Regina sagte gute Nacht, sie gehe zu Bett. Da saßen Martina und Philip noch in der Küche, als sei es ihre Küche, als sei es ihr Haus. Aber das störte Regina nicht. Seit langer Zeit hatte sie wieder das Gefühl, das Haus sei voll. Sie dachte an Australien, wo sie nie gewesen war. Sie dachte an die Luftaufnahme, die Philip ihr gezeigt hatte, und dann an Spanien, wo sie ein paar Mal Urlaub gemacht hatte mit den Kindern. Regina stand im Bad und putzte sich die Zähne. Sie war müde. Als sie in den Flur trat und unter der Küchentür das Licht durchscheinen sah, war sie froh, dass Martina und Philipp noch wach waren.

Regina lag im Bett. Sie hörte, wie Philip ins Bad ging und duschte. Sie wollte noch einmal aufstehen und ihm ein Handtuch bringen, dann ließ sie es bleiben. Sie stellte sich vor, wie er aus der Dusche kam, sich mit dem feuchten Handtuch von Martina abtrocknete, wie er durch den Flur zur Küche ging, wo Martina auf ihn wartete. Die beiden umarmten sich und gingen in den oberen Stock und legten sich zusammen ins Bett. Dummheiten, hatte Verena gesagt und sie solle aufpassen. Aber das waren keine Dummheiten. Alles ging so schnell vorbei.

Regina stand noch einmal auf und trat in den Flur, ohne Licht zu machen. Sie stand in der Dunkelheit und lauschte. Nichts war zu hören. Sie ging ins Bad. Von einer Straßenlaterne drang etwas Licht in den Raum. Das Frottiertuch hing über dem Rand der Badewanne. Regina nahm es und drückte es an ihr Gesicht. Es fühlte sich kühl an auf der Stirn und hatte einen fremden Geruch. Sie legte es hin und ging zurück in ihr Zimmer.

Als sie wieder im Bett lag, dachte sie an Australien, das sie nie sehen würde. Auch Spanien würde sie wohl nicht mehr sehen, dachte sie, aber eine Reise würde sie noch machen.

(2003)

Jagoda Marinić
Kurzbiografie

Sie war noch lange nicht alt und doch alt genug, um zu den Frauen
zu gehören, über die man sagt: »Man sieht ihr an, dass sie einst
wunderschön gewesen sein muss.« Aber nein, sie gehörte nicht zu
den Frauen, sie war nicht schön, und man sah ihr auch nicht an,
dass sie es einst gewesen sein muss.   5
Ihre Augen waren von blauen Rändern umringt, ihre Hände voller Hornhaut. Keine Frauenhände mehr, keine schönen Hände
mehr, sie hatte zu viel Männerarbeit geleistet. Ihr Körper aber
war ein schöner Körper, jung, die Haut seltsamerweise noch rosig,
obschon sie gewiss keine dieser Cremes für Frauen, über die man   10
auch noch in ihrem Alter sagt, dass sie schön sind, aufs Gesicht
geschmiert hat. Dafür war nie Zeit gewesen, dafür hatte es nie Geld
gegeben.
Sie strickt mittlerweile Pullover für ihre Enkelkinder, die sie nie
sieht. Sie macht das, indem sie sich erinnert, schätzt ab, wie groß 15
ihre Kinder im Alter der Enkelkinder ungefähr gewesen sind und
schickt sie weg mit der Post. Sie weint dann immer vor Freude über
die Fotos mit den Enkeln in Strickpullis, die der Postbote zweimal
jährlich in den Briefkasten wirft, über denen sie mit feuchten,
glänzenden Augen sitzt und derentwegen sie jeden Abend in   20
ihrem großen grauen Sessel weiterstrickt. Für ihre eigenen Kinder
hat sie das nie getan, konnte es nie tun. Einmal ein Paar Socken.
Missraten. Ihr blieb damals keine Zeit für solche Dinge, sie musste
viel arbeiten und ihr Mann war einer dieser Männer gewesen, die
sich mit zwei warmen Mahlzeiten täglich wohler fühlten und so   25
hatte sie eine dieser Frauen zu sein, die täglich zweimal kochten,
obwohl sie sich dadurch gar nicht wohler fühlte.
Ihre Kinder waren ihr alles, nur leider hatte sie für alles wenig Zeit.
Sie war mit siebzehn schon zum ersten Mal Mutter eines Sohnes
geworden, worüber ihr Mann froh gewesen war, denn so blieb ihm   30
für viele andere Nachnamensträger Zeit. Viele andere sind letztlich
fünf geworden und sie zog sie die ersten Jahre allein auf dem Dorf
groß. Wenn sie während dieser Zeit etwas Beschwerliches über ihr
Leben sagte, erwiderte ihr Mann immer nur, dass sie es im Vergleich zu allen anderen doch ungewöhnlich gut habe, weil er in   35

Deutschland arbeite und sie deshalb »Pampers« habe und nicht diese von Hand zu waschenden Windeln wie all die anderen Frauen aus dem Dorf. Und auch vom Schokoladenbrei habe sie mehr als im Dorf üblich und deshalb, so schloss er, könne es so schlimm ja gar nicht sein für sie. Doch an manchen Tagen, wenn sie weiß gewaschene Windeln auf den Wäscheleinen vor den Häusern hängen sah, hatte sie trotzdem Tränen in den Augen, oder wenn sie in dem kleinen Dorfladen in der Schlange wartete und andere Frauen nur ein »Chokolino« für vier Kinder kauften, da hätte sie diese Tränen am liebsten fließen lassen, unaufhörlich, über das ganze Gesicht. Sie hat nur nicht, sie hat es sich seit diesem einen Mal, da ihre Schwiegermutter es ihr angesehen hatte, verkniffen, denn seit diesem Mal fürchtete sie sich vor ihr und ihre Tränen blieben, wo sie waren.

Die Kinder und sie sind nach einigen Jahren dann doch nach Deutschland gezogen, sie wollte nicht länger nachts in ihr Kissen schluchzen, heimlich über die Frauen weinen, die Zeit hatten, Windeln zu waschen, weil ihre Männer da waren, um sich um die Felder und das Vieh zu kümmern, und als sie ihrem Mann diesen Entschluss mitteilte, war ihm das irgendwie doch ganz recht, dass sie kommen wollte. Es sah schließlich ganz so aus, als müsste er noch längere Zeit in Deutschland bleiben, um das Geld zusammen zu sparen für ein Haus in ihrem Dorf, und außerdem aß er ja so gern zwei warme Mahlzeiten am Tag.

Kaum war sie ein paar Wochen in Deutschland, als ihr Mann ihr abends beim Essen sagte, dass er in einer Gärtnerei Arbeit für sie gefunden hätte, dass sie unbesorgt anfangen könnte, da er für die Kinder ein junges Mädchen aus dem Dorf nach Deutschland holen und ihm einen Pass machen würde ... Sie glaubte das, denn damals war das mit dem Nach-Deutschland-Kommen ja auch noch richtig leicht.

Sie hat also in der Gärtnerei angefangen, das Mädchen für die Kinder allerdings hat nie angefangen. Wofür es den Pass benutzt hat, hat sie nie erfahren, nur gewusst, dass ihre Kinder sie in ihren jungen Jahren besonders brauchten und sie war auf ihre Weise auch immer für sie da, nur eben selten da, wo die Kinder waren, denn ihr Mann hatte es eilig mit dem Geld für das Haus und zu zweit verdiente man schließlich eineinhalbfach.

Als die beiden dann endlich anfingen zu bauen, da waren die Kinder ihrerseits selten da, wo die Eltern waren. Sie sind geblieben, in diesem Land, diesem Deutschland, das sie heute gar nicht mehr mag, genauso wenig wie dieses Haus und wenn sie es sich ganz offen gesteht, dann hat sie es eigentlich noch nie wirklich gemocht.

Die Kinder sind früh von ihr gegangen. Sie war ihnen nicht böse deshalb, nur ein wenig traurig, dass sie ihr keine Zeit gelassen hatten, ihnen mehr zu geben, wenn sie erst genug gehabt hätte. Nur hin und wieder überkam sie ein gewisser Ärger über ihre Kinder, schließlich hatten sie und ihr Mann das ganze Leben dafür gearbeitet, für das Haus, für die Kinder und diese Tage, die nach dem ganzen Leben nun geblieben sind, hätten sie ihr doch irgendwie lauter machen können, geräuschvoller, geruchvoller. Wenn sie sich zu Ende geärgert hatte, wusste sie wieder, dass es besser war, klüger von ihnen, sich in Deutschland zu verheiraten. Das wusste sie aufgrund ihrer eigenen Erfahrung. Denn auch sie war einst die jüngste Tochter gewesen und hatte gerade damit angefangen, für alle bereits verheirateten Kinder ihrer Eltern mitzuarbeiten und davor hatte damals jedes Kind armer Eltern Angst. So wollte sie schnell heiraten und dieser nette junge Mann, der vorhatte, nach Deutschland zu gehen, der fand sie schön, was sie damals auch war, und der wollte sie eben in diesem Moment, da sie nicht mehr die ganze Zeit arbeiten wollte, heiraten und so schien ihr das damals alles wie Gottes Fügung.

Ja, sie verstand ihre Kinder. Sie hätten zuviel arbeiten müssen für den Vater und für dieses Haus und die Freunde ihrer Kinder mussten das nicht. Sie hatten sich nämlich deutsche Freunde gesucht. Woher sollten sie's auch besser wissen, sie als Mutter hatte zuviel gearbeitet, um ihnen bei der Wahl ihrer Freunde behilflich zu sein.

Sie und ihr Mann hatten das Haus, trotz allem, wie geplant fertig gebaut: ein Haus mit ganzen drei Stockwerken. Zwei Wohnungen auf jedem. Für jede Familie eine, selbst für die der Töchter. Es war ein schönes, aber graues Haus, vor der Fassade war ihnen etwas dazwischengekommen.

Sie legte das Strickzeug erschöpft zur Seite, erhob sich vom Sessel, lief den ihr so langen, mühseligen Weg zur Haustür, um abzuschließen, stand vor dem Schlüsselkasten, nahm ihren Schlüssel heraus und fuhr mit ihrer gekrümmten Hand liebevoll über jeden einzelnen der anderen fünf, die in dem Kasten hingen.

Im Bad spiegelte sich ihr viel zu altes Gesicht, ihre Müdigkeit,
5 trotz früher Rente, aber auch ihr voller und immer noch schöner Körper, und deshalb ging sie, halb verärgert, halb zufrieden und letztlich wohl ein bisschen gleichgültig über ihren Körper und ihr Gesicht, ins Schlafzimmer, wo sie, wie jeden Abend, ein paar Bitten an Gott hatte, Bitten für ihre Kinder und Enkelkinder, für ihre
10 Schwiegerkinder und die Schwiegereltern ihrer Kinder, für deren Gesundheit und Freude und natürlich für den Seelenfrieden ihres verstorbenen Mannes.

(2001)

Thomas Hürlimann
Der Liebhaber der Mutter

Es begann mit Blumen. Über Nacht schossen sie aus allen Vasen
hervor, Rosen, Orchideen, Osterglocken, und eines Abends, als wir
von der Schule nach Hause kamen, hing der Brodem einer Zigarre
im Haus, fremd, doch würzig, kein Zweifel, Mutter hatte Besuch
gehabt, Herrenbesuch. Sie lächelte und sie schwieg. Sie trug, wenn 5
sie das Haus verließ, ihre breiten Hüte, besuchte häufig den Coif-
feur und fragten wir, ob sie verliebt sei, rief sie lachend: »Aber
Kinder, ich bin doch eure Mutter!«
Eines Abends saß er am Stubentisch. Er soff den Schnaps aus dem
Wasserglas und das Essen, das Mutter ihm zu Ehren gekocht hatte, 10
ließ er stehen. Meine Schwester und ich zwinkerten dem Vater
zu. Der hob fröhlich das Weinglas. »Prost!«, rief er und verschämt
senkte die Mutter ihren Blick auf den Teller. Trepp war ein ab-
gesprungener Jesuit. Fieberschübe und Schnäpse hatten ihn aus-
geglüht, seine Finger zitterten, seine Augen glänzten. Er habe, 15
erzählte Trepp, sein Leben in den Tropen verbracht, auf fernen,
verseuchten Plätzen, erst vor kurzem war er in Zug[1] gestrandet, in
einem Pflegeheim für Kleriker, wo er, so Trepp, unter lauter gläubi-
gen Greisen der einzige Atheist sei. Trepp, das Wrack.
Wir lauschten seinem Gelalle, wir sahen ihn saufen. Der Vereh- 20
rer unserer Mutter war nicht halb so gefährlich, wie wir befürch-
tet hatten – er konnte nur ihr Mitleid, nicht ihre Liebe entfacht
haben. Am Tisch schlief Trepp ein, der Vater setzte sich lachend
ans Klavier und wie froh, wie erleichtert stimmten wir an diesem
Abend unsere Familienhymne an! Nein, für Trepp, den Tropen- 25
hengst, würde Mutter das Familienglück nicht zerstören, nie und
nimmer. Er tat ihr Leid, sie liebte seine Blumen und die Kirsch-Pra-
linees, die er schicken ließ, schlürfte sie andächtig aus. Schon bald
hatten wir uns an die Treppliebe der Mutter gewöhnt. Eines Tages
aber – Trepp war eben davongetorkelt – legte meine Schwester die 30
Serviette in den Teller, spitzte ihr Mündchen und meinte quer über
den Tisch hin, sie beginne sich allmählich zu fragen, womit der
arme Trepp die teuren Bouquets bezahle. Die Mutter wurde rot.
Wie eine Erdbeere so rot. Stille trat ein und sekundenlang schweb-

---

1 kleinster Schweizer Kanton

te über dem Sonntagsbraten eine Wolke voller Leidenschaft und Katastrophe.

»Er stiehlt sie vom Friedhof«, sagte schließlich die Mutter. Der Vater aß weiter, die Gefahr war gebannt. Trepp kam nicht wie-
5 der und wir alle, auch der Vater, mussten feststellen, dass wir den fremdländischen Zigarrenrauch und die Schnapsreden vermissten. Die Mutter verlor ihr Lächeln, ihr fehlten die Blumen. Sie saß im Lehnstuhl, auf ihrem Schoß lag ein Buch, die Augen jedoch, die gern geweint hätten, blickten ins Leere.

10 Die Jahre vergingen. Ich trieb mich herum. Mein Studium schei-
terte. Eines Abends kehrte ich in meine Heimatstadt zurück, müde und kaputt, ohne Geld. Ich setzte mich an eine Bar. Neben mir saß ein Herr, wir kamen ins Gespräch und plötzlich sagte er: »Ihre Mutter war die große Liebe meines Lebens.«

15 Dieser Herr konnte jener Trepp nicht sein, denn Trepp war tot schon seit Jahren, tot und begraben. Eine Sekunde stutzte ich. Dann war mir alles klar. Unsere Mutter hatte gewusst, dass sie ihre Verliebtheit vor der Familie nicht verbergen konnte, also hatte sie Trepp ins Haus gelockt und wir alle, auch der Vater, waren nur
20 allzu gern bereit gewesen, Mutters Verzauberung mit dem harmlo-
sen Trepp in Verbindung zu bringen!

»Wie es Ihre Mutter geschafft hat, unsere Liebe geheimzuhalten«, sagte jetzt Henry, »ist mir heute noch ein Rätsel.« Ihm sei dies nicht gelungen. Seine Frau habe sich scheiden lassen. Er, Henry,
25 sei dann ausgestiegen und abgehauen, und so habe er seine besten Jahre auf fernen, fieberverseuchten Plätzen vergeudet. Mich frös-
telte ein wenig. Wahrhaftig, Henrys Finger zitterten, seine Augen glänzten. Noch ein paar Fieberschübe, noch ein paar Drinks und Henry, der wahre Liebhaber, sah aus wie Trepp, der ihn seinerzeit
30 getarnt hatte.

Spät in der Nacht standen wir am See. Wellen beleckten die Ufer-
steine und aus den Lampen fielen silberne Regenpfeile. Henry schlug den Mantelkragen hoch. Dann ging er wortlos davon.

(1992)

Zoë Jenny
Sophies Sommer

Was sich damals im Sommerhaus der Familie Schmitz ereignete,
war für uns alle unbegreiflich, und eigentlich konnte es sich am
Ende niemand erklären, woran es lag, dass innerhalb von wenigen
Tagen die Familie zerstört war und die Mitglieder sich so fremd
waren, als hätten sie nie etwas miteinander zu tun gehabt.   5
Clarice, die einzige Tochter von Martin und Sophie Schmitz, war
eine jener Bekanntschaften aus frühen Kindheitstagen. So wie
einzelne Sterne erst aus der Distanz von Lichtjahren ein erkenn-
bares Bild ergeben, entwickelte sich diese Freundschaft, die aus
einzelnen Begegnungen bestand, über einen längeren Zeitraum zu   10
einem festen Bestandteil in meinem Leben. Clarice hatte große
Augen, die sich, je nachdem, wie das Licht auf sie fiel, von grün auf
blau verfärbten. Es war, als ob sie jedes Wort, das ich zu ihr sprach,
mit ihren Augen aufsog. Wahrscheinlich liebte ich sie deshalb so
sehr, weil sie mit ihren Augen zuhörte und ganz nebenbei Sätze   15
sagte wie: »Ich kann einsam sein wie ein Mann.«
Als Kinder wohnten wir in derselben Straße, verkleideten uns als
Prinzessinnen und spazierten in diesem Aufzug Händchen haltend
durch das Viertel. Abwechselnd verbrachten wir das Wochenende
in ihrem oder meinem Elternhaus. Clarices Mutter, Sophie, hatte   20
eine kleine, helle Stimme. Wenn wir abends nach Kamille duf-
tend aus dem Bad kamen und unter die Bettdecke krochen, stand
sie manchmal vor dem Bett, rief ihren Mann herbei, schlug die
Hände zusammen und meinte zu ihm, wir würden aussehen wie
Schwestern. Tatsächlich aber hatte Clarice braune Locken und ich   25
dunkelblondes, glattes Haar. Einmal schnitt ich ihr, zum Zeichen
unserer Freundschaft, eine Locke vom Kopf und bewahrte sie in
einer Streichholzschachtel auf.
Wir kamen beide in die gleiche Schule, und auf unser Drängen
hin sorgten unsere Eltern dafür, dass wir auch in dieselbe Klasse   30
kamen. Ein paar Jahre saßen wir nebeneinander in der Schulbank
und schrieben uns gegenseitig bei den Prüfungen die Fehler ab.
Während des Unterrichts schoben wir uns gefaltete Zettel zu, auf
denen wir die Lehrer mit kleinen, fiesen Zeichnungen karikierten
und uns über sie lustig machten. Wir wurden in zwei Klassen ver-   35

31

legt, weil wir uns, wie es hieß »negativ beeinflussen«, was zur Folge hatte, dass wir uns weniger sahen. Aber selbst wenn Wochen oder Monate zwischen unseren Treffen lagen, war eine Vertrautheit zwischen uns und die Gewissheit, dass wir uns verstanden, ohne dass wir etwas zu verstehen geben mussten.

Mit siebzehn nahm sich Clarice ein kleines Zimmer mitten in der Stadt und arbeitete an den Wochenenden bis zwei Uhr morgens hinter der Theke einer Bar. Zu diesem Zeitpunkt kauften sich ihre Eltern ein Sommerhaus am Meer. Clarice besuchte ihre Eltern nur noch zu festgelegten Zeiten. »Man muss auch die familiären Beziehungen organisieren«, sagte sie zu mir, als sie mir ihre Agenda[1] zeigte, in der sie mit Rotstift »Eltern besuchen« eingetragen hatte. Sie besuchte sie zu Ostern und an Weihnachten. Und im Sommer fuhr sie für zwei Wochen in das Haus am Meer. Dann allerdings ging sie nie allein, sondern nahm ihren jeweiligen Liebhaber mit. Meistens hörte ich dann von ihr, wenn gerade wieder eine ihrer zahlreichen Liebschaften in die Brüche gegangen war. Clarice verliebte sich leidenschaftlich gern. Sie trug ihren schönen, rundlichen Körper wie ein Geschenk durch die Straßen der Stadt.

Einmal rief sie mich mitten in der Nacht an und teilte mir mit dunkler Stimme mit, das einzige Sichere in ihrem Leben seien ihre Eltern und ich. Das war kurz bevor uns das Abiturzeugnis überreicht wurde, dann verschwand Clarice ins Ausland, und ich habe jahrelang nichts mehr von ihr gehört.

Manchmal traf ich ihre Mutter Sophie zufällig an einer Straßenkreuzung oder beim Einkaufen. »Clarice ist jetzt an einer berühmten Schauspielschule«, verkündete sie. Es gehe ihr großartig. Im Sommer käme sie wieder ins Ferienhaus, zusammen mit ihrem Freund. Ich richtete Grüße aus. Jedes Mal, wenn ich Sophie traf, war ihre kleine, helle Stimme noch leiser geworden; ihre Stimme schien Jahr für Jahr zu schrumpfen. Wenn ich mich nach Clarice erkundigte, hauchte sie »Ja«, sie sehe sie im Sommer, dann käme sie wieder mit Thomas. Die Namen ihrer Freunde wechselten von Thomas zu Paul über Erich zu Robert. In Gedanken sah ich einen Stuhl am Tisch im Sommerhaus der Familie Schmitz, an dem jedes Jahr ein anderer junger Mann neben Clarice saß, vor sich denselben Teller wie der vorhergehende.

---

1 Merkbuch, Terminkalender

Jahre später, nach einem kurzen, ungewöhnlich kalten Winter, traf ich Clarice zufällig in einem Kleidergeschäft in der gemeinsamen Heimatstadt wieder. Ich suchte etwas, das ich zu der Hochzeit einer Bekannten anziehen könnte, und stand gerade in einem feierlich wirkenden, pailettenbesetzten Kleid vor dem Spiegel, als sie mir auf die Schulter tippte. Clarice Augen waren noch größer geworden. Wir setzten uns in ein Straßencafé und schauten beide den Menschen nach, die an uns vorübergingen. Clarice zerstieß mit dem Löffelstiel die Eiswürfel in ihrem Glas, während sie erzählte, dass sie nach einem Zusammenbruch das Schauspielstudium aufgegeben hatte. Von morgens bis abends war sie mit rasendem Herzen kokainverladen herumgerannt. Tagelang hatte sie nichts gegessen, weil sie es vergessen hatte, und eines morgens war sie dann im Unterricht mitten in einer Rezitation zusammengebrochen. Jetzt wohnte sie wieder bei ihren Eltern und versuche sich zu entspannen. Es gehe ihr auch schon wieder besser, sie hätte sich auf der Heimfahrt im Zug in einen Fotografen verliebt. Ich nickte und stieß zur Beglückwünschung mein Glas an das ihre. Noch am selben Abend rief sie mich an und meinte, sie würde in ein paar Tagen wieder in das Sommerhaus fahren und ob ich nicht mitkommen wolle.

Clarice saß am Steuer, und wir sangen laut und falsch die Musik im Radio mit. Ihre Eltern waren schon da, als wir gegen Abend ankamen. Sie standen auf der Veranda und riefen unsere Namen, als wir ihnen durch den Garten entgegenkamen. Sophie klatschte in die Hände und sagte zu ihrem Mann: »Sehen sie nicht wie Schwestern aus?«
Das Sommerhaus war kleiner, als ich es mir vorgestellt hatte. Es ist ein O.K.-Haus, wie Clarice es ausdrückte. Überall im Haus hatte Sophie Blumen hingestellt. Je nachdem, in welchem Raum man sich aufhielt, roch es nach Azaleen, Lilien und Orchideen. Im Erdgeschoss gab es eine Küche und ein großes Wohnzimmer. Dort saßen wir bei geöffneter Verandatür und tauschten bis spät in die Nacht Erinnerungen aus. Von weitem hörte man das Meer rauschen. Herr Schmitz legte einen Arm um Sophies Schultern. Er war ein Mann von sechsundfünfzig Jahren, mit dem Stolz und der Zufriedenheit eines Menschen, der für das, was er besaß, gearbeitet hatte. Herr

Schmitz reiste während des Jahres geschäftlich so viel herum, dass
er sich in den Ferien nicht auch noch bewegen wollte. Er lag den
ganzen Tag in einem gelb-weiß gestreiften Liegestuhl im Garten.
Die aufgeschlagene Zeitung lag wie ein Zelt über seinem Gesicht.
5 Wenn Clarice, Sophie und ich am späten Vormittag im Badeanzug durch den Garten an ihm vobeigingen, hob er den Arm und
winkte uns zu. Sein Gesicht blieb unsichtbar unter der Zeitung.
Der Strand war nur wenige Minuten vom Haus entfernt. Barfüßig
kletterten wir über die Dünen, hinter denen sich das Meer verbarg.
10 Der Tag begann damit, dass wir einander den Rücken mit Son-
nenöl eincremten. Ich rieb Clarices Rücken ein, sie meinen und
den ihrer Mutter. Aus den Augenwinkeln beobachtete ich genau,
wie sich Clarices Hände mit kreisenden Bewegungen auf Sophies Rücken bewegten. All die anderen Frauen, die ich kannte, hat-
15 ten problematische Beziehungen zu ihren Müttern, die von Hass,
Schuld- und Neidgefühlen bestimmt waren, bei denen manchmal
selbst der Tod keine Entspannung bewirkt hatte. Ich konnte nicht
anders, als Clarices Hände auf dem friedlichen Mutterrücken an-
zustarren.
20 Abends, wenn wir zurückkehrten, empfing uns Herr Schmitz aus-
geruht und gut gelaunt. Er bekochte uns Frauen mit leichten Ge-
richten, kalten Suppen und Fisch. Er nannte Sophie »Liebling«,
und manchmal, wenn er etwas getrunken hatte, auch »Sweety«,
was mich immer peinlich berührte, obwohl die Bezeichnung zu
25 ihr passte, aber nicht aus seinem Mund. Wir verbrachten ruhige,
gleichförmige Tage. Clarice entspannte sich, und ihr Körper wurde
braun und wieder rundlicher. Eines Abends klingelte das Telefon,
und Clarice blieb eine Stunde weg. Als sie zurückkam, teilte sie
fröhlich mit, dass ihr Fotografenfreund Jan auf dem Weg zu uns
30 sei. Clarice und ich holten ihn mit dem Auto vom Bahnhof ab. Er
stand lächelnd auf dem Bahnsteig mit dünnen blond behaarten
Beinen, die Fototasche umgehängt. Auf der Fahrt setzte ich mich
auf den Rücksitz, und Jan schnüffelte in Clarices Locken, atmete
den Duft ihres Haares ein. Mit großer Selbstverständlichkeit um-
35 armte er zur Begrüßung Clarices Eltern und ging mit ausholen-
den Schritten durchs Haus, wobei er sich alles genau ansah. Die
kleinsten Dinge konnten sein Interesse wecken: Ein Lichtstrahl,
der durch die Verandatür fiel und auf dem Holz des Tisches ein

helles Rechteck warf, ein Blütenblatt, Clarices nackter Arm, der von einer Stuhllehne hing. Abends am Strand fotografierte er vorbeiziehende Wolken, die untergehende Sonne, das Meer und die angespülten Muscheln. Schließlich warf er sich auf den Boden und fotografierte die Struktur des Sandes. Clarice, Sophie und ich 5 lachten bei diesem Anblick auf unseren Badetüchern sitzend. Jan blickte durch das Objektiv, robbte durch den Sand und entdeckte dabei wie zufällig Sophies Füße. Sophie wurde rot im Gesicht, strich sich wie ein plötzlich jung gewordenes Mädchen linkisch Haarsträhnen aus der Stirn und legte sie hinters Ohr. Sie tat, was 10 Jan sagte, und er fotografierte begeistert ihre Füße. Während des Abendessens saßen sie sich gegenüber, und Jan beobachtete, wie Sophie die Gabel zum Mund führte oder wie ihre Hände die Serviette auffalteten. Sie schien es nicht zu merken, aber Clarice merkte es und ging früher zu Bett als sonst. In den folgenden Tagen war 15 Jan damit beschäftigt, Sophie zu fotografieren. Er begleitete sie zum Strand, wich nicht mehr von ihrer Seite. Nur manchmal fuhr er schnell ins Dorf, um neue Filme zu holen.
Sophies Stimme wurde plötzlich wieder hörbar. Ihr Lachen schwirrte wie eine unsichtbare, aber immer und überall präsente Gestalt 20 durchs Haus. Clarice versuchte, sich nichts anmerken zu lassen, aber ich spürte zum ersten Mal, dass sie Angst hatte. Manchmal blickte sie ihren Vater von der Seite an, als warte sie darauf, dass er was sagte. Nur einmal fragte Herr Schmitz Jan nach dem Abendessen, was er eigentlich mit all den Fotos machen wolle. »Ach, 25 eigentlich nichts«, erwiderte Jan, »ich übe nur.« Herr Schmitz klopfte ihm auf die Schulter. Etwas zu heftig, um es noch freundschaftlich zu meinen. Aber Jan tat nichts dergleichen, drückte an seiner Kamera herum und begutachtete sie von allen Seiten wie ein interessantes lebendiges Wesen. 30
Am Vorabend der Abreise beschloss Sophie im Garten zu essen und trug mit Jan den Tisch nach draußen. Clarice klagte über Kopfschmerzen und verabschiedete sich noch vor dem Nachtisch. Kurz darauf gingen auch Herr Schmitz und ich in unsere Zimmer. Von meinem Schlafzimmerfenster konnte ich Sophie und Jan sehen, 35 zwei Verliebte, die im Licht einer Kerze einander gegenübersaßen. Clarice klopfte an die Tür: »Ich kann nicht schlafen«, sagte sie und kroch in mein Bett. In embryonaler Krümmung lag sie unter der

Decke. »Mach das Fenster zu«, sagte sie kühl, »ich habe es immer
gewusst.« Nächtelang waren wir als Kinder schlaflos nebeneinander gelegen, weil wir die Gespenster nicht verpassen wollten, die
an uns vorbeischleichen würden, sobald wir die Augen geschlos-
5 sen hätten.
Noch bevor die Sonne aufgegangen war, stolperte Herr Schmitz
ins Zimmer. »Sie sind weg«, sagte er mit erstickter Stimme. Clarice setzte sich unvermittelt auf. Nicht nur ihre Augen waren weit
geöffnet, ihr ganzes Gesicht schaute. Es war still im Haus. In der
10 Ferne konnte man die Brandung hören. Clarice schmiss in jedem
Zimmer die Blumen fort. Sie knickte die Stängel und rupfte die Blü-
tenköpfe ab. Herr Schmitz schüttelte wie mechanisch den Kopf.
»Ist sie denn wahnsinnig, ist sie wahnsinnig geworden?«, sagte
er wie zu sich selbst, während er die Sachen, die er in den Koffer
15 gelegt hatte, wieder herausnahm und anstarrte, als wüsste er nicht
mehr wohin damit. Ich musste an Clarices Kinderhaar denken, die
Locke, die ich irgendwo in einer Streichholzschachtel aufbewahrt
hatte. Ich ging zu ihr hin und packte ihren Arm. »Das legt sich,
das hat nichts zu bedeuten«, sagte ich unsicher. Clarice blickte
20 kurz auf. Meine Worte verschwanden hinter ihren Augenscheiben
im Dunkel.
(2000)

Karin Reschke
An den Strand ...

Meine Mutter schwenkt die Wasserknie aus dem Bett, stellt die
blauen Füße nebeneinander, zupft das Nachthemd zurecht, stützt
die Hände auf die Bettkante, schürzt die Lippen wie früher, als sie
jung war und etwas Beleidigendes sagen wollte gegen ihr Kind, das
jetzt dasteht und kein Kind mehr ist. Still, Kind, die Mutter will 5
etwas. Sie zückt ihren Hemdzipfel, schnappt nach Luft. Sag schon,
was ist, was willst du? Ein Klumpen liegt ihr auf der Zunge, sie
kaut, schluckt, schüttelt den Kopf, steht auf.
Meine Mutter steht im Zimmer, stützt sich auf den Tisch neben
dem Bett, starrt in ein halb gefülltes Wasserglas, reißt den Stroh- 10
halm aus dem Glas, streckt ihn mir entgegen. Ich reiche ihr den
kleinen Finger, führe sie Schritt für Schritt hinaus, über den Flur
ins Bad zur Toilette, setze sie in die Hocke, blicke auf ihren rostigen
Scheitel. Unter ihr schlägt das Wasser an den Rand der Schüssel, sie
hält sich fest an ihrem Hemd. Früher hat sie mich dahin gesetzt, 15
meine Füße baumelten, mein Hintern schwebte über dem Por-
zellan, die Holzbrille wackelte, ich klammerte mich an ihre Knie.
Ihre Wasserknie zittern jetzt, ihre blauen Füße suchen das Weite.
Nach dem Wasserlassen fällt sie mir in den Arm, bohrt den Kopf in
meine Brust, wir taumeln aus dem Bad über die Schwelle, den Flur 20
ins Zimmer mit dem Bett. Vor dem Bett liegt der Strohhalm, sie
reißt sich los von mir, stürzt auf den Bettrand. Weg, ruft sie, weg!
Und liegt quer zur Wand, das Gesicht unten.
Sie weint in die Kissen. Hat immer geweint, wenn es ihr dreckig
ging. Weinte, als ihr Mann, mein Vater, gleich nach dem Krieg mit 25
einer anderen ging und sie, noch jung, verlassen wurde von ihm,
ein Kind am Hals. Weinte Jahre ihrem Mann hinterher, weinte
Weihnachten, Ostern, Pfingsten und an den Geburtstagen, weinte
am Sonnabend jeder Woche wegen der einsamen Sonntage mit
dem Kind, weinte im Kino und in der Kirche. Meine Mutter, die 30
weinende Frau. Selten lächelte sie, noch seltener sah ich sie lachen. Sie schleppte zuviel Wasser mit sich herum. Wasserträgerin
nannte ich sie schon als Kind.
Sie vereiste. Jahre strich sie mit ihren Eisfingern an meinem Hals
entlang, über mein Gesicht, meine Arme wurden von ihren eisi- 35

gen Händen umspannt, meine Kniekehlen geprüft beim Wachsen. Hinter meine Ohren schrieb sie mit ihren spitzen Nägeln, sie warf mir Eiszapfen vor die Füße, baute Gebirge zwischen uns, schneebedeckt. Jahre waren wir uns nicht grün. Ich war das Kind meines
5 Vaters, der sie verlassen hatte, das sollte ich büßen, solange sie jung war, auch als sie älter wurde, büßte ich noch.

Still liegt sie jetzt und krumm und ganz klein. Viel Wasser kann nicht mehr in ihr sein, abgesehen von ihren Knien, wo es sich staut, und Wasser rasselt in ihren Lungen. Sie hustet, sie friert,
10 wirft den Kopf hin und her, sucht den Hemdzipfel, die Bettdecke. Bring mich weg, sagt sie, ganz weit weg. Wohin? An den Strand, auf die Kurpromenade, in die Oper, Mutter? Sie lauscht, als wären da Klänge, ihr Blick fliegt durchs Zimmer. Weg, sagt sie wieder, weg.

15 Aus dem Wegbringen wird nichts, ihr Doktor erscheint, steht in der Tür.

Mit seinem Lächeln macht er es ihr leicht, das Wegbringen aufzuschieben.

Er fühlt ihren Puls, prüft den Herzschlag, lauscht dem Wasserrau-
20 schen in ihrer Lunge und lächelt, spricht zu ihr und lächelt. Sie antwortet nicht, ihre Augen wandern durchs Zimmer, ihre Hände greifen an die Gurgel, sie schluckt. Dann lächelt sie doch und kriecht unter ihre Decke. Bloß nicht weg, sagt sie. Ich bleibe hier. Sie können nicht hier bleiben, lächelt der Doktor, Sie brauchen
25 medizinische Betreuung rund um die Uhr, Ihr Kreislauf, Ihr Herz. Schon gut, lächelt sie, ich bleibe bei meiner Tochter, meine Tochter wird bei mir sein, meine Tochter, Herr Doktor.

Sie nennt mich ihre Tochter, sie zerbricht das Eis zwischen uns. Der Doktor senkt den Kopf, unmöglich, sagt er und lächelt. Sie
30 müssen vernünftig sein. Dann geht er hinaus in die Diele zum Telefonieren.

Ich bleibe, lächelt sie mir zu, dreht das Gesicht zur Wand. Ihre Hände fahren in die Luft, ein Stöhnen folgt ihren Worten.

Der Doktor hat telefoniert, er winkt mich in die Diele. Packen Sie
35 ein paar Sachen für Ihre Mutter, der Krankenwagen kommt in einer viertel Stunde.

Sie will nicht ins Krankenhaus, Doktor. Sie muss, lächelt er. Nehmen Sie wenigstens Vernunft an, tun Sie etwas für Ihre Mutter. Ihr

Wunsch, Doktor, ist mir wichtiger als ärztliche Vernunft. Ich bleibe
bei ihr, wie sie es wünscht. Unverantwortlich, sagt der Doktor, ich
muss mich an meine Pflicht halten und an meine Verpflichtung.
Ihre Mutter ist meine Patientin seit Jahren, ihr Herz, ihr Kreislauf,
sie baut ab jede Minute, jede Minute ist kostbar. Er lächelt nicht 5
mehr. Fahren Sie meine Mutter an den Strand, auf die Kurpromenade, in die Oper, aber nicht ins Krankenhaus.
Der Doktor geht an mir vorbei ins Zimmer, tritt ans Fenster. Meine
Mutter richtet sich auf in ihrem Bett, ihr Blick fällt zu Boden. Da
liegt der Strohhalm, ihre Hand greift über den Bettrand. Mit zwei 10
Schritten bin ich bei ihr, hebe den Strohhalm auf, reiche ihn ihr.
Sie lässt sich ins Kissen gleiten, ihre Augen blicken zur Decke, sie
knickt den Strohhalm und nickt mir zu.
Als die Männer mit der Krankenbahre kommen, wendet sich der
Doktor vom Fenster. Meine Mutter liegt ganz ruhig, ganz klein, 15
schaut irgendwohin, die Männer heben sie stumm auf die Bahre,
schnallen sie fest. Ihr Kopf rutscht zur Seite, dann baumelt er, der
Doktor fängt ihre Hand. Die Männer lassen die Bahre sinken, der
Doktor beugt sich über eine Tote.
(1996)

Julia Franck
Streuselschnecke

Der Anruf kam, als ich vierzehn war. Ich wohnte seit einem Jahr
nicht mehr bei meiner Mutter und meinen Schwestern, sondern
bei Freunden in Berlin. Eine fremde Stimme meldete sich, der
Mann nannte seinen Namen, sagte mir, er lebe in Berlin, und frag-
5 te, ob ich ihn kennen lernen wolle. Ich zögerte, ich war mir nicht
sicher. Zwar hatte ich schon viel über solche Treffen gehört und
mir oft vorgestellt, wie so etwas wäre, aber als es soweit war, empfand ich eher Unbehagen. Wir verabredeten uns. Er trug Jeans,
Jacke und Hose. Ich hatte mich geschminkt. Er führte mich ins
10 Café Richter am Hindemithplatz und wir gingen ins Kino, ein Film
von Rohmer[1]. Unsympathisch war er nicht, eher schüchtern. Er
nahm mich mit ins Restaurant und stellte mich seinen Freunden
vor. Ein feines, ironisches Lächeln zog er zwischen sich und die anderen Menschen. Ich ahnte, was das Lächeln verriet. Einige Male
15 durfte ich ihn bei seiner Arbeit besuchen. Er schrieb Drehbücher
und führte Regie bei Filmen. Ich fragte mich, ob er mir Geld geben
würde, wenn wir uns treffen, aber er gab mir keins und ich traute
mich nicht danach zu fragen. Schlimm war das nicht, schließlich
kannte ich ihn kaum, was sollte ich da schon verlangen? Außer-
20 dem konnte ich für mich selbst sorgen, ich ging zur Schule und
putzen und arbeitete als Kindermädchen. Bald würde ich alt genug
sein um als Kellnerin zu arbeiten und vielleicht wurde ja auch
eines Tages etwas Richtiges aus mir. Zwei Jahre später, der Mann
und ich waren uns noch immer etwas fremd, sagte er mir, er sei
25 krank. Er starb ein Jahr lang, ich besuchte ihn im Krankenhaus
und fragte, was er sich wünsche. Er sagte mir, er habe Angst vor
dem Tod und wolle es so schnell wie möglich hinter sich bringen.
Er fragte mich, ob ich ihm Morphium besorgen könne. Ich dachte
nach, ich hatte einige Freunde, die Drogen nahmen, aber keinen,
30 der sich mit Morphium auskannte. Auch war ich mir nicht sicher,
ob die im Krankenhaus herausfinden wollten und würden, woher
es kam. Ich vergaß seine Bitte. Manchmal brachte ich ihm Blumen. Er fragte nach dem Morphium und ich fragte ihn, ob er sich
Kuchen wünsche, schließlich wusste ich, wie gerne er Torte aß.

---

1 Eric Rohmer: französischer Filmregisseur (geb. 1920)

Er sagte, die einfachen Dinge seien ihm jetzt die liebsten er wolle nur Streuselschnecken, nichts sonst. Ich ging nach Hause und buk Streuselschnecken, zwei Bleche voll. Sie waren noch warm, als ich sie ins Krankenhaus brachte. Er sagte, er hätte gerne mit mir gelebt, es zumindest gern versucht, er habe immer gedacht, dafür sei 5 noch Zeit, eines Tages – aber jetzt sei es zu spät. Kurz nach meinem siebzehnten Geburtstag war er tot. Meine kleine Schwester kam nach Berlin, wir gingen gemeinsam zur Beerdigung. Meine Mutter kam nicht. Ich nehme an, sie war mit anderem beschäftigt, außerdem hatte sie meinen Vater zu wenig gekannt und nicht geliebt. 10
(2000)

Stefanie Viereck
Am Ende des Dorfes

Wenn Sibylles Großmutter in ihrem rosafarbenen Schlafrock auf
der Dorfstraße entlangging, sahen die Erwachsenen stur geradeaus und ließen sich nichts anmerken. Nur unter sich nannten sie
sie die rosa Frau. Die Kinder lachten. Sie liefen zusammen, kaum
5 hatten sie die alte Frau entdeckt, tuschelten kichernd, knufften
einander in die Seite und folgten ihr in einigem Abstand, bis sie
sich zögernd nach ihnen umsah. Dann stoben sie kreischend auseinander.
Manchmal versteckte sie sich in der Nähe der Haltestelle und war-
10 tete auf den Schulbus. Doch wenn Sibylle die Großmutter rechtzeitig entdeckte, kauerte sie sich tief auf ihren Sitz und fuhr einfach
weiter bis zum nächsten Dorf. Dann war das Mittagessen natürlich
kalt, wenn sie nach Hause kam, und die Großmutter hockte traurig
und mit vorwurfsvoller Miene vor ihrem unberührten Teller. Nur
15 Sibylles kleiner Bruder panschte juchzend in seiner Suppe oder zer-
quetschte die Kartoffeln zwischen seinen kurzen dicken Fingern.
Gelang es der Großmutter jedoch, Sibylle an der Haltestelle zu
überraschen, dann strahlte ihr altes Gesicht; sie tätschelte ihrer
Enkelin die Wangen, zupfte an ihrem Rock und hielt ihren Arm
20 mit beiden Händen umklammert. Sibylle bockte, drehte und wand
sich in ihrem Griff, doch die Spinnenfinger ließen sich nicht ab-
schütteln. Sie musste den ganzen Weg bis zum Ende des Dorfes an
der Seite der Großmutter zurücklegen. Mitten auf der Hauptstraße.
Und hinter ihnen, ganz nah, die auf einmal mutig gewordenen
25 Kinder, die mit grinsenden Fratzen das immer gleiche Spottlied
sagen: Rosa Frau, rosa Frau, da läuft das Ferkel mit der Sau.
Manchmal drehte Sibylle sich um und fauchte heiser und hochrot
im Gesicht, aber die Fratzen blieben ihnen dicht auf den Fersen.
Der einzige, der ihr hin und wieder zur Hilfe kam, war der Bürger-
30 meister. Seit dreißig Jahren im Amt, genoss er einigen Respekt im
Dorf. Er scheuchte die Horde mit einem Machtwort auseinander
und grüßte die Großmutter höflich, ohne an ihrer Aufmachung
Anstoß zu nehmen, und die Großmutter erwiderte artig: Guten
Tag, Herr Bürgermeister, plötzlich wieder ganz Dame, mit leicht
35 gesenktem Haupt.

42

Einmal hatte er ihnen eine Frau aus der Stadt ins Haus geschickt. Sie sollte nach den Kindern sehen, nach den »Zuständen«, wie sie sich ausdrückte. Die Großmutter hatte einen guten Tag gehabt, der Schlafrock hing im Schrank, sie trug eine weiße Bluse mit einer ge-bügelten Kragenschleife um den Hals, und der große Wohnraum, 5 der auch als Esszimmer diente, glänzte vor Sauberkeit. Die Frau hatte sich alles genau angesehen, hatte Sibylle allerlei Fragen gestellt, den kleinen Bruder gestreichelt, war immer freundlicher geworden und hatte schließlich mit der Großmutter am runden Tisch Kaffee getrunken. Beim Abschied hatten die beiden sich ein- 10 trächtig die Hände geschüttelt, und nur der Kopf der Großmutter hatte verdächtig gewackelt.

Danach war niemand mehr gekommen, und die Tage, an denen die Großmutter frisiert und mit gebügelter Kragenschleife am Frühstückstisch saß, waren immer seltener geworden. 15

Sie habe einen Wackelkontakt im Kopf, so pflegte sie zu sagen, und Sibylle stellte sich vor, dass bei irgendwelchen Erschütterungen da oben einfach das Licht ausging, weil die Birne nicht fest genug eingeschraubt war. Deshalb lief die Großmutter an vielen Tagen in ihrem Schlafrock herum und vergaß, sich Kleider anzuziehen, 20 bevor sie das Haus verließ. Eigentlich tat sie Sibylle leid. Wenn nur die anderen Kinder nicht gewesen wären.

In den Pausen war es immer das Gleiche. Zuerst taten sie so, als sähen sie Sibylle nicht, und redeten, einer lauter als der andere, vom Ferkel und von der alten Sau, vom Schweinemist in ihren 25 Betten, von dem Fraß aus Kartoffelschalen und verfaulten Äpfeln in ihrem Trog. Sie prusteten, krächzten, und ihre Stimmen über-schlugen sich. Dann taten sie plötzlich so, als hätten sie Sibylle gerade erst entdeckt, hielten sich die Nasen zu und rannten ans andere Ende des Schulhofs. 30

Im Bus saß Sibylle allein. Manchmal kniff sie die Augen zusam-men, presste den Kopf an die Fensterscheibe und wünschte sich selbst einen Wackelkontakt. Es sollte finster bleiben. Sie wollte nichts mehr sehen.

Eine Zeitlang verrichtete die Großmutter alle Dinge wie zuvor. Nur 35 eben im Schlafrock. Sie kochte das Essen, putzte das Haus, wusch die Wäsche, erledigte die Einkäufe, hielt den kleinen Bruder sauber und sperrte ihn bei schönem Wetter in ein geräumiges Drahtgehe-

ge im Garten, wo er stundenlang am Boden saß, mit den Fingern kleine Sandlöcher grub, Gräser und Stöckchen hineinstopfte und vor Vergnügen kreischte, wenn es ihm gelang, eine dicke Fliege, einen Käfer oder gar einen Schmetterling zu fangen und aufzu-
5 spießen.

Mit der Zeit jedoch kam es immer häufiger vor, dass beim Essen dieses und jenes fehlte, der Zucker ging aus, die Wurst, die Marmelade, oder es gab keine frische Milch zum Frühstück.

So kam Sibylle ein rettender Einfall. Sie selbst wollte die Besorgun-
10 gen machen, und falls sie auf diese Weise erreichen konnte, dass die Großmutter das Haus nicht mehr verließ, dann würden die anderen Kinder vielleicht vergessen. Kinder vergaßen schnell. Das hatte sie oft genug gehört.

Drei Tage lang ging alles gut. Morgens verschloss Sibylle die Tür,
15 und wenn sie mittags nach Hause kam, trug die Großmutter wie gewöhnlich das Essen auf. Sie schien sogar recht zufrieden damit zu sein, dass Sibylle ihr einen Teil der Arbeit abnahm und die Lebensmittel herbeischleppte.

Am vierten Tag jedoch, als Sibylle gerade aus dem Bus gestiegen
20 war, schoss der rosa Schlafrock hinter einem Strauch hervor. Die Großmutter fiepte glücklich, krallte sich an Sibylles Arm, und der Spießrutenlauf begann von neuem.

Im Haus stand das Küchenfenster offen. Dort musste sie ausgebrochen sein. Sibylle suchte im Schuppen ein paar Bretter zusammen
25 und vernagelte drei Viertel der Fensteröffnung. Die Großmutter kauerte auf ihrem Schemel am Herd und sah zu. Einmal sagte sie streng: Sibylle! Es war die Stimme, die zu den gebügelten Kragenschleifen gehörte, und Sibylle erschrak. Doch dann war die Großmuter wieder still und ihre Augen blieben dunkel.

30 Die Bretter halfen wenig. Die Großmutter fand immer neue Schlupflöcher. Sie kroch aus dem Kellerfenster oder besann sich auf den seit Jahren nicht mehr benutzten Hintereingang, räumte die Weckgläser und die Regale fort, fand irgendwo den Schlüssel und entwischte auf die Straße, als Sibylle eben die Haustür auf-
35 schloss.

An diesem Nachmittag sperrte Sibylle die Großmutter zum ersten Mal mit dem kleinen Bruder in dem Drahtgehege im Garten ein. Der Bruder grub seine Sandlöcher, durchbohrte Käfer und juchzte, die Großmutter saß dabei, klatschte in die Hände oder trommelte mit den Fäusten einen dumpfen Wirbel auf den ausgetrockneten Boden. Sie schien sich in dem Gehege wohl zu fühlen, und als Sibylle das Gatter öffnete, um den beiden Saft und Kaffee zu bringen, lächelte sie ihr freundlich zu und sagte: Dankeschön, liebes 5 Kind. Als säße sie wie ehedem am runden Esstisch.

Vormittags allerdings, während sie in der Schule war, wagte Sibylle nicht, die beiden draußen im Garten zu lassen. Zwar lag das Haus ein ganzes Stück außerhalb des Dorfes, aber die Kinder, die noch nicht in die Schule gingen, konnten sich leicht in die Nähe des 10 Grundstücks verirren: Vor ihnen war man nirgendwo sicher; und wenn sie das Drahtgehege entdeckten und darin die alte Frau, dann würden sie es den Großen sagen und alles wäre umsonst gewesen.

Sibylle wollte kein Risiko eingehen. Sie wollte die Großmutter 15 verbergen, um jeden Peis, und schließlich blieb ihr nur noch die Kette.

Zufällig war sie im Schuppen darüber gestolpert und hatte die Kette mit ins Haus genommen, wie viele andere Dinge auch: verbogene Nägel, Schrauben, Draht, zerfetztes Zeitungspapier um die 20 Schlüssellöcher zuzustopfen, leere Flaschen, die von der angelehnten Tür gestürzt und zerbrochen waren, kaum dass die Großmutter sie aufgedrückt hatte. Mitten in diesem Durcheinander lag nun die Kette. Plötzlich wusste Sibylle, was sie zu tun hatte.

Das eine Ende der Kette befestigte sie an einem freistehenden 25 Fachwerkbalken. Dann band sie der Großmutter ein Seidentuch um den Hals, damit die rostigen Kettenglieder die dünne Haut nicht aufscheuerten, streichelte ihr beruhigend den Kopf und ließ ein Vorhängeschloss im Nacken der Großmutter zuschnappen. Den Schlüssel hängte sie sich um den Hals. Dann rannte sie aus 30 dem Haus. Beinahe hätte sie den Schulbus verpasst.

Mittags hörte sie schon am Gartentor das jämmerliche Geschrei ihres kleinen Bruders. Er, der sonst stundenlang friedlich am Boden saß und die Fransen des Teppichs verknotete, stand brüllend vor Angst in der Ecke und wies mit ausgestrecktem Arm auf die Groß- 35 mutter, die wie eine aufgezogene Tanzpuppe die immer gleichen Schritte vollführte. Sie stakste zierlich im Halbkreis herum, reckte bei jeder Wende den Hals, erweiterte nach und nach die Runden, bis die Kette ihr bei der nächsten Drehung unsanft den Kopf in den Nacken zog. Dann stieß sie ein kleines rostiges Kreischen aus, stolperte ein paar Schritte rückwärts, die Kette schleifte klirrend am Boden, und das Ganze begann von vorn.

5 Sibylle fasste sie behutsam bei der Hand. Zitternd blieb die Großmutter stehen. Ihr Atem ging heftig und rasselte in der Kehle. Der Bruder hatte aufgehört zu brüllen. Totenstille herrschte. Sibylle führte die Großmutter an den Tisch. Gehorsam setzte sie sich an ihren Platz. Sie zitterte noch immer und sah Sibylle fragend an.

10 Ihre Augen waren groß und seltsam durchsichtig. Irgendwo hinter den milchigen Scheiben musste der Wackelkontakt sitzen. Sibylle nahm den Kopf der Großmutter in beide Hände und schüttelte ihn sanft. Die Kette schlängelte sich den hageren Rücken hinauf und hinunter. Sibylle versuchte es noch einmal. Diesmal schüttelte sie

15 kräftig. Die Großmutter seufzte. Das Zittern ließ nach, aber das Licht in ihren Augen blieb erloschen. Vielleicht war der Kontakt nun endgültig unterbrochen.

Am folgenden Tag war kein Laut zu hören, als Sibylle aus der Schule kam. Die Großmutter saß mit nackten Beinen am Tisch, der

20 kleine Bruder hatte den rosa Schlafrock zwischen ihre Schenkel gestopft und sich in ihrem Schoß ein Nest gebaut. Beide schenkten Sibylle nicht die geringste Beachtung, auch nicht, als sie die Kette gelöst hatte. Erst als der Geruch des Essens aus der Küche herüberdrang, krabbelte der kleine Bruder vom Schoß der Groß-

25 mutter herunter und näherte sich schnuppernd. Die Großmutter weigerte sich auch nach dem Essen, ihren Platz zu verlassen. Sie krallte sich an der Tischkante fest, gluckste weinerlich und ließ sich durch nichts in den Garten locken. Schließlich musste Sibylle sie fast mit Gewalt fortzerren. Und da sah sie die Bescherung. In

30 Zukunft durfte sie nicht vergessen, den beiden einen Nachttopf ins Zimmer zu stellen.

Nach ein paar Tagen gab die Großmutter jeden Widerstand auf, reckte morgens bereitwillig den Hals, aß mittags ihre Kartoffeln, folgte am Nachmittag dem kleinen Bruder in das Gehege im Gar-

35 ten. Nur einmal noch hatte sie versucht, sich nachts aus dem Haus zu schleichen, aber Sibylle hatte das Knarren der Dielen gehört. Seither schlief sie bei ihr im Bett, obgleich die Großmutter in ihren Träumen zappelte wie eine lebendig gewordene Streichholz-

schachtel und Sibylle immer wieder ihre spitzen Knochen in den Bauch stieß.

Früher hatte die Großmutter fast jeden Abend vorgelesen. Seite um Seite aus einem alten Meyerschen Konversationslexikon. Sie hatte behauptet, nur der gebildete Mensch könne es in der Welt zu etwas bringen. Jetzt übernahm Sibylle diese Gewohnheit. Anfangs hörte die Großmutter aufmerksam zu, spitzte gelegentlich die Lippen und sprach das eine oder andere Fremdwort nach. Bald jedoch begann sie sich zu langweilen. Sie rutschte von ihrem Stuhl herunter, krabbelte von einer Wand zur anderen, grunzte, kicherte, scheuerte ihr Hinterteil am Kleiderschrank, der seiner Größe wegen im Wohnzimmer stand, und an der Vitrine, so dass die Mokkatassen schepperten und selbst der kleine Bruder von seinen Teppichfransen aufsah und ohrenbetäubend zu kreischen begann.

Eines Mittags saß die Großmutter aufrecht am Tisch. Sie trug einen schwarzen Rock und eine weiße Bluse. Nur die Schuhe fehlten, denn die standen draußen im Flur, und so weit reichte die Kette nicht. Die rostigen Kettenglieder hatte sie unter der gebügelten Kragenschleife versteckt. Ihr Gesicht sah still aus, seltsam glatt. Nur in den Augen war ein heftiges Flackern. Sibylle, sagte sie, ich möchte den Herrn Bürgermeister sprechen. Gleich darauf erlosch das Flackern.

Danach stand sie nicht mehr auf. Sie aß kaum noch etwas, trank nur kleine Schlückchen Wasser und sprach kein einziges Wort.

Der Einfachheit halber hielt Sibylle sie nun ständig an der Kette. Das andere Ende hatte sie dem Bett gegenüber am Fensterkreuz befestigt. So konnte sie sich selbst frei bewegen, die Einkäufe machen und die viele Hausarbeit erledigen, den kleinen Bruder und die Großmutter versorgen. Und manchmal lief sie hinter den anderen Kindern her, um ihnen bei ihren Spielen zuzusehen. Seit einiger Zeit duldeten sie stillschweigend ihre Gegenwart und sangen das Spottlied nicht mehr.

Als die Frau aus der Stadt wieder kam, war Sibylle gerade damit beschäftigt, den rosa Schlafrock zu waschen. Das tat sie mindestens einmal in der Woche. Die Großmutter lag nackt im Bett und hatte bloß das dünn gescheuerte Seitentuch um den wunden Hals.

Später, nachdem Männer in weißen Kitteln die Großmutter ins Krankenhaus gebracht hatten, sagte die Frau: Das wirst du büßen.

Sie sperrte Sibylle in ihr Zimmer und verschloss die Tür. Den kleinen Bruder bekam Sibylle nicht mehr zu Gesicht.

Am nächsten Tag musste sie neben der Frau durch das Dorf gehen.
Alle wussten schon Bescheid. Die Erwachsenen sahen stur geradeaus. Die Kinder liefen zusammen. Eine ganze Horde. Sie gaben
keinen Laut von sich, aber sie kamen näher und näher, und ihre
Augen funkelten vor Gier.

Im Bus starrte Sibylle aus dem Fenster. Es war der Regionalbus, der
in die nächste Stadt fuhr. Das Dorf, das Land – alles flog weg. Sie
schlug den Kopf gegen die Scheibe. Die Frau neben ihr sah sie von
der Seite an. Ihre Augen funkelten wie die Augen der Kinder. Sibylles Kopf schlug immer heftiger. Das Glas wurde rot. Es tat nicht
weh. Gleich würde das Licht ausgehen.

(1999)

BEZIEHUNGSSACHEN

Undine Gruenter
XLII

Der Himmel war strahlend und klar, aber nebenan kotzte jemand
so herzzerbrechend, dass es sich wie ein Schleimfaden durch die
Nacht zog. Zunächst war es nur ein gelegentliches Schniefen und
ein Würgen gewesen, fast wie ein Schluckauf. Dann war jemand
5 zum Fenster gestürzt und hatte so lauthals gehustet, als habe
er zuviel Rauch geschluckt. Schließlich war das Husten in ein
Würgen übergegangen, ein Keuchen, Schniefen und Stöhnen,
ein Atemholen und wieder ein Würgen. Nach einer Weile wurde
das Würgen zu einem Winseln, ein Winseln dünn wie der letzte
10 Rest von Gallensaft. Wer auch immer dort kotzt, sein Magensack
musste leer sein.
Er saß im Sessel und las – sie schlief seit zwei Stunden, die Decke
hoch über die Ohren gezogen – und lauschte diesem verebbenden,
nur noch schubweise auftretenden Kotzen, das jetzt ein röcheln-
15 des Pumpen war. Das Röcheln, das zischelnde Ausspeien erinnerte
ihn an die Kurve eines Kardiogramms, langsamer werdende Stöße,
in die Nacht gesendet, ein elender Singsang, Gesang einer ausge-
brannten Seele, der, je weiter die Nacht fortschritt, ein geheimes
Band zwischen ihm und dem Unbekannten schlang. Schließlich
20 löschte er das Licht und öffnete das Fenster. Gleich nebenan, hinter dem Gitter, das die beiden Balkonbrüstungen voneinander
trennte, kauerte ein Mann auf dem Boden, von dem als erstes die
hellen Noppen seines Tweedmantels aus der Dunkelheit in die
Augen sprangen. Der Mann schien halb das Bewusstsein verloren
25 zu haben, sein Rücken lehnte schwer gegen das Trenngitter und
seine Hand hing schlaff durch die Stäbe der Brüstung. Sein ausge-
streckter Fuß lag in einer Kotzlache und über sein Hosenbein zog
sich das Rinnsal schleimigen Magensafts. Unwillkürlich beugte er
sich über das Trenngitter und sah einen schwachen Lichtschein,
30 der durch die halb aufgestoßenen Fensterläden der Nebenwoh-
nung drang. Eine Frau saß mit nackten, übereinandergeschlagenen
Beinen auf einem kleinen nachgemachten Empiresofa, an ihrem
Fuß wippte ein hellrotes Pantöffelchen mit Pompon[1] aus Schwa-
nenflaum. Den zweiten Pantoffel hielt sie in der Hand, als habe sie

---

1 knäuelartige Quaste

vergessen, was sie mit ihm vorhatte. Auf ihrem schläfrigen Gesicht lag der selige Ausdruck eines leichten Alkoholrausches und eine lange Haarsträhne ringelte sich über ihre Schulter. Sie steckte in einem dünnen Unterrock mit Spaghettiträgern, und es sah aus, als habe sie bereits im Bett gelegen und sei wieder aufgestanden, auf- 5
gescheucht von einem Gedanken, der sie im Halbschlaf überfallen hatte. Zu ihren Füßen breitete sich ein Wust von zerknittertem Sei-
denpapier aus, hastig herausgerissen aus einer Reihe von Kartons, deren Deckel abgenommen waren, in denen Gläser gesteckt hatten, die sich in verschiedenen Größen auf einem niedrigen Tisch 10
häuften, der neben dem Sofa stand. Offenbar waren sie gerade eingezogen und dies war ihr erster Abend. Sie betrachtete die Glä-
ser, als steckten in ihnen sämtliche Versprechungen eines *Neuen Anfangs*, und in einer durch Alkohol und Halbschlaf verursachten Verschiebung schien sie in einem Zustand angelangt, der einige 15
Stunden zuvor stattgefunden haben musste. Den Blick verzückt auf den Gläsern, griff sie geistesabwesend nach einem Weinglas, das neben ihrem Sitz am Sockel des Sofas stand, und setzte es an den Mund. Als sie zum zweiten Mal schluckte, merkte sie, dass es leer war, längst geleert und abgestellt, und während sie es verwun- 20
dert hin und her drehte, ging ein Riss durch ihr Gesicht, als teile sich der Abend in einen freundlichen Teil und ein zerstrittenes Nachspiel. Dann blickte sie hoch, als suche sie etwas, ihre Augen schweiften umher, blieben an der leeren Weinflasche hängen, die mitten im Zimmer auf dem Boden stand, und schließlich an 25
jenem Körperklumpen, dessen Umriss sich hinter der Glasscheibe abzeichnete. Da hob sie den Pantoffel und in einer Geste, als spule sie blitzschnell die Erinnerung an jenes Nachspiel ab, warf sie den Pantoffel in seine Richtung.
(1993)

Peter Stamm
Am Eisweiher

Ich war mit dem Abendzug aus dem Welschland[1] nach Hause gekommen. Damals arbeitete ich in Neuchâtel, aber zu Hause fühlte
ich mich noch immer in meinem Dorf im Thurgau. Ich war zwanzig Jahre alt.

5 Irgendwo war ein Unglück geschehen, ein Brand ausgebrochen,
ich weiß es nicht mehr. Jedenfalls kam mit einer halben Stunde
Verspätung nicht der Schnellzug aus Genf, sondern ein kurzer Zug
mit alten Wagen. Unterwegs blieb er immer wieder auf offener
Strecke stehen, und wir Passagiere begannen bald, miteinander zu
10 sprechen und die Fenster zu öffnen. Es war die Zeit der Sommerfe-
rien. Draußen roch es nach Heu und einmal, als der Zug eine Weile
gestanden hatte und das Land um uns ganz still war, hörten wir
das Zirpen der Grillen.

Es war fast Mitternacht, als ich mein Dorf erreichte. Die Luft war
15 noch warm und ich trug die Jacke über dem Arm. Meine Eltern
waren schon zu Bett gegangen. Das Haus war dunkel und ich stellte nur schnell meine Sporttasche mit der schmutzigen Wäsche in
den Flur. Es war keine Nacht zum Schlafen.

Vor unserem Stammlokal standen meine Freunde und berieten,
20 was sie noch unternehmen sollten. Der Wirt hatte sie nach Hause
geschickt, die Polizeistunde war vorüber. Wir redeten eine Weile
draußen auf der Straße, bis jemand aus dem Fenster rief, wir sollten endlich ruhig sein und verschwinden. Da sagte Stefanie, die
Freundin von Urs: »Warum gehen wir nicht im Eisweiher baden?
25 Das Wasser ist ganz warm.«

Die anderen fuhren schon los und ich sagte, ich würde nur schnell
mein Fahrrad holen und dann nachkommen. Zu Hause packte ich
meine Badehose und ein Badetuch ein, dann fuhr ich hinter den
anderen her. Der Eisweiher lag in einer Mulde zwischen zwei Dör-
30 fern. Auf halbem Weg kam mir Urs entgegen.

»Stefanie hat einen Platten«, rief er mir zu. »Ich hole Flickzeug.«
Kurz darauf sah ich dann Stefanie, die an der Böschung saß. Ich
stieg ab. »Das kann eine Weile dauern, bis Urs zurückkommt«,
sagte ich. »Ich gehe mit dir, wenn du magst.« Wir schoben unsere

---

1 schweiz. für französischsprachige Schweiz

52

Fahrräder langsam den Hügel empor, hinter dem der Weiher lag. Ich hatte Stefanie nie besonders gemocht, vielleicht weil es hieß, sie treibe es mit jedem, vielleicht aus Eifersucht, weil Urs sich nie mehr ohne sie zeigte, seit die beiden zusammen waren. Aber jetzt, als ich zum ersten Mal mit ihr allein war, verstanden wir uns ganz 5 gut und redeten über dies und jenes.

Stefanie hatte im Frühjahr die Matura[2] gemacht und arbeitete bis zum Beginn ihres Studiums im Herbst als Kassiererin in einem Warenhaus. Sie erzählte von Ladendieben und wer im Dorf immer nur die Aktionen und wer Kondome kaufe. Wir lachten den gan- 10 zen Weg. Als wir beim Weiher ankamen, waren die anderen schon hinausgeschwommen. Wir zogen uns aus, und als ich sah, dass Stefanie keinen Badeanzug dabeihatte, zog auch ich meine Badehose nicht an und tat, als sei das selbstverständlich. Der Mond war nicht zu sehen, aber unzählige Sterne und nur schwach die Hügel 15 und der Weiher.

Stefanie war ins Wasser gesprungen und schwamm in eine andere Richtung als unsere Freunde. Ich folgte ihr. Die Luft war schon kühl gewesen und die Wiese feucht vom Tau, aber das Wasser war warm wie am Tag. Nur manchmal, wenn ich kräftig mit den Bei- 20 nen schlug, wirbelte kaltes Wasser hoch. Als ich Stefanie eingeholt hatte, schwammen wir eine Weile nebeneinander her und sie fragte mich, ob ich in Neuchâtel eine Freundin hätte und ich sagte nein.

»Komm, wir schwimmen zum Bootshaus«, sagte sie. 25

Wir kamen zum Bootshaus und schauten zurück. Da sahen wir, dass die anderen wieder am Ufer waren und ein Feuer angezündet hatten. Ob Urs schon bei ihnen war, konnten wir aus der Entfernung nicht erkennen. Stefanie kletterte auf den Steg und stieg von dort auf den Balkon, von dem wir als Kinder oft ins Wasser 30 gesprungen waren. Sie legte sich auf den Rücken und sagte, ich solle zu ihr kommen, ihr sei kalt. Ich legte mich neben sie, aber sie sagte: »Komm näher, das hilft ja so nichts.«

Wir blieben eine Zeitlang auf dem Balkon. Inzwischen war der Mond aufgegangen und schien so hell, dass unsere Körper Schat- 35 ten warfen auf dem grauen, verwitterten Holz. Aus dem nahen Wald hörten wir Geräusche, von denen wir nicht wussten, was sie

---

2 österr. und schweiz. für Reifeprüfung

bedeuteten, dann, wie jemand auf das Bootshaus zuschwamm und kurz darauf rief Urs: »Stefanie, seid ihr da?«

Stefanie legte den Finger auf den Mund und zog mich in den Schatten des hohen Geländers. Wir hörten, wie Urs schwer atmend aus dem Wasser stieg und wie er sich am Geländer hochzog. Er musste nun direkt über uns sein. Ich wagte nicht, nach oben zu schauen, mich zu bewegen.

»Was machst du da?« Urs kauerte auf dem Geländer des Balkons und blickte auf uns herab. Er sagte es leise, erstaunt, nicht wütend und er sagte es zu mir.

»Wir haben gehört, dass du kommst«, sagte ich. »Wir haben geredet und dann haben wir uns versteckt, um dich zu überraschen.«

Jetzt schaute Urs zur Mitte des Balkons und auch ich schaute hin und sah dort ganz deutlich, als lägen wir noch da, den Fleck, den Stefanies und mein nasser Körper hinterlassen hatten.

»Warum hast du das gemacht?«, fragte Urs. Wieder fragte er nur mich und schien seine Freundin gar nicht zu bemerken, die noch immer regungslos im Schatten kauerte. Dann stand er auf und machte über uns auf dem Geländer zwei Schritte und sprang mit einer Art Schrei, mit einem Jauchzer, in das dunkle Wasser. Noch vor dem Klatschen des Wassers hörte ich einen dumpfen Schlag und ich sprang auf und schaute hinunter.

Es war gefährlich, vom Balkon herunterzuspringen. Es gab im Wasser Pfähle, die bis an die Oberfläche reichten, als Kinder hatten wir gewusst, wo sie waren. Urs trieb unten im Wasser. Sein Körper leuchtete seltsam weiß im Mondlicht und Stefanie, die nun neben mir stand, sagte: »Der ist tot.«

Vorsichtig stieg ich vom Balkon hinunter auf den Steg und zog Urs an einem Fuß zu mir. Stefanie war vom Balkon gesprungen und schwamm, so schnell sie konnte, zurück zu unseren Freunden. Ich zog Urs aus dem Wasser und hievte ihn auf den kleinen Steg neben dem Bootshaus. Er hatte am Kopf eine schreckliche Wunde.

Ich glaube, ich saß die meiste Zeit einfach nur da neben ihm. Irgendwann, viel später, kam ein Polizist und gab mir eine Decke und erst jetzt merkte ich, wie kalt mir war. Die Polizisten nahmen Stefanie und mich mit auf die Wache und wir erzählten, wie alles gewesen war, nur nicht, was wir auf dem Balkon getan hatten. Die Beamten waren sehr freundlich und brachten uns, als es schon

Morgen wurde, sogar nach Hause. Meine Eltern hatten sich Sorgen gemacht.

Stefanie sah ich noch bei der Beerdigung von Urs. Auch meine anderen Freunde waren da, aber wir sprachen nicht miteinander, erst später, in unserem Stammlokal, nur nicht über das, was in jener Nacht geschehen war. Wir tranken Bier und einer sagte, ich weiß nicht mehr, wer es war, es reue ihn nicht, dass Stefanie nicht mehr komme. Seit sie dabei gewesen sei, habe man nicht mehr vernünftig reden können.

Einige Monate später erfuhr ich, dass Stefanie schwanger war. Von da an blieb ich an den Wochenenden oft in Neuchâtel und fing sogar an, meine Wäsche selber zu waschen.

(1999)

Judith Hermann
Zigaretten

Er hat mir die folgende, kleine Geschichte beiläufig erzählt, un-
spektakulär, ohne Anspruch auf ihre Wichtigkeit, sie schien ihn
kaum zu beschäftigen. Er erzählte sie wie jemand, der in Gedanken
schon ganz woanders ist, er war mit mir zusammen, eigentlich
5 wollte er jetzt gehen. Er wollte das Gespräch nicht mehr fortsetzen, aber an der Tür blieb er dann doch stehen, er wollte nicht
flüchten. Er erzählte nicht irgendetwas, aber auch nichts, was ihn
hätte aufhalten können, im Fortgehen sagt man etwas vom Fortgehen, ob man will oder nicht. Die Geschichte war auch kurz, eine
10 kleine, kurze Geschichte, ich habe sie nicht vergessen:
Er war sehr jung, damals, er ist jetzt noch nicht alt, aber damals war
er wirklich sehr jung, zwanzig oder einundzwanzig Jahre alt. Ich
kannte ihn noch nicht. Er hatte eine Lehre hinter sich und die
Armee, er war vom Land nach Berlin gekommen wie alle anderen
15 auch, er wohnte damals in der Marie-Curie[1]-Allee, das ist nicht
wichtig, aber der Straßenname klingt so schön – Marie-Curie-Allee.
Ich versuche mir vorzustellen, wie er damals ausgesehen hat. Er
hat mir einmal ein Foto gezeigt aus dieser Zeit, ein Schwarzweiß-
Portrait, selbst entwickelt. Er guckt ernst in die Kamera, ausdrucks-
20 los, aber dennoch mit einer gewissen Pose, er sieht sehr schön
aus, herzzerreißend schön, so kann er nicht ausgesehen haben. Ich
erinnere mich deutlich an das Gefühl, das ich hatte, als er mir das
Foto zeigte, an meine Traurigkeit darüber, ihn nicht schon damals,
nicht schon immer gekannt zu haben. Ich kann mir nicht vorstel-
25 len, wie er damals ausgesehen hat.
Er hatte in diesem ersten Jahr in Berlin eine Freundin, Constanze,
mit der er heute nicht mehr zusammen, aber noch immer befreun-
det ist. Ich habe ihn gefragt, wo sie sich kennen gelernt hätten, er
konnte sich erstaunlicherweise nicht mehr genau daran erinnern,
30 obwohl er – wie er selbst sagt – Constanze sehr geliebt hat. »In der
Universität, glaube ich«, sagte er und ich musste lachen, weil ich
weiß, dass er nie studiert hat, sie hingegen ist heute promoviert.
Auch Constanze kann ich mir nicht vorstellen, obgleich es mir

---

1 polnische Chemikerin (1867–1934), 1903 Nobelpreis für Physik, zusammen
   mit ihrem Mann Pierre, und 1911 Nobelpreis für Chemie

leichter fällt, Einzelheiten zusammenzufügen – ein blasses Mädchen mit dünnen, langen Beinen, einem verschlossenen Gesicht, fast mongolischen Zügen und grünen oder graugrünen Augen. Ich glaube, sie hat lange, schwarze Haare gehabt und war sehr groß und so schmal wie er. Wenn sie lacht – heute –, lacht sie nur halb, vielleicht kann man sagen: halbherzig; sie lacht eindeutig nur mit der einen Hälfte ihres Gesichtes, ihres Mundes. Ich habe ihn gefragt, ob sie sich verändert habe seit damals, genauer, ich habe gefragt: »War sie damals schon so, wie sie heute ist?« Er hat ohne zu zögern geantwortet: »Ja«, ich nehme also an, dass sie schon damals so gelacht hat, schief, eigentlich ernsthaft, halb.

In der Geschichte, die er mir im Fortgehen erzählt hat, haben sie sich an einem Nachmittag im Sommer am Brunnen hinter dem Alexanderplatz getroffen. Auf dem Alexanderplatz steht der Fernsehturm auf einer wie bleiernen Fläche Beton, die dann in ein treppenartig angelegtes Wasserspiel übergeht, eine Springbrunnenanlage aus den Sechziger- oder Fünfzigerjahren, dahinter ein kleiner Park, ein alter Springbrunnen mit einem Wasser speienden Neptun, kleine Wege, Parkbänke, dann die Spree, der Blick auf den Palast der Republik. Viel Himmel über allem. Sie haben sich in diesem Park hinter dem Brunnen getroffen, es war Nachmittag, ich glaube, er sagte, es sei heiß gewesen, Sommer, sie saßen auf einer dieser Bänke, eine Stunde lang, zwei.

Wenn es überhaupt gelingen will, sie zu sehen, an diesem Nachmittag im Juni, Juli, dann nur in einem Bild, einem Foto, einem gefrorenen Moment, ohne Ton. Sehr viel Licht, Schatten, erstaunlicherweise ein bewegter Himmel, schnelle Wolken, die beiden auf der Bank jedoch reglos, ihr Kopf auf seiner Schulter, vielleicht so, sehr einfach. Sie haben sich nicht getrennt, an diesem Nachmittag. Sie haben sich nichts gestanden und nichts versprochen, sie haben nicht gezweifelt und nicht gestritten, sie waren ganz heil und einfach miteinander; später musste sie nach Frankfurt Oder fahren, nach Hause, zu ihren Eltern, er hat sie zum Zug gebracht. (Ein Jahr später, als sie ihn verließ, soll er auf der Straße hinter ihr hergerannt sein und sie lauthals beschimpft haben, eine Vorstellung, die mir, so wie ich ihn heute sehe, völlig absurd erscheint, obgleich ich weiß – es ist wahr.) Sie sind von der Bank aufgestanden, vielleicht haben sie sich gestreckt, umarmt. Ich kann ihnen hinterhersehen, am ehesten das, sein Arm um ihre Schulter gelegt, ich denke, sie sind langsam gelaufen, träge, es soll so warm gewesen sein, heiß. Sie sind in die S-Bahn gestiegen am Alexanderplatz und zum Bahnhof Lichtenberg gefahren, mag sein, dass sie noch Zeit hatten, bis der Zug kam. Sie haben am Gleis gewartet, er sagt, sie hätten eine letzte Zigarette rauchen wollen miteinander, aber er habe die Zigaretten liegen gelassen, vergessen auf dieser Bank im Park. Sie haben dann nicht mehr geraucht. Der Zug kam, sie stieg ein und fuhr weg, sie kann nicht für lange Zeit fortgefahren sein, er sagte nichts von einem dramatischen, schweren Abschied. Er habe dann eigentlich nach Hause fahren wollen, in die Marie-Curie-Allee nach Lichtenberg, in diese Neubauwohnung, die ich mir nicht vorstellen kann, er war noch fremd in Berlin und kannte so gut wie niemanden außer Constanze. Aber dann habe er an die Zigaretten gedacht auf der Bank im Park und er sei mit der S-Bahn zurück zum Alexanderplatz gefahren. Er ist aus der S-Bahn gestiegen, aus dem Bahnhof gelaufen auf den Platz vor dem Fernsehturm, das Licht dort ist im Sommer fast blendend, wie reflektiert von den grauen, glänzenden Steinen. Er ist die Treppen am Springbrunnen hinuntergelaufen, später Nachmittag, fast Abend jetzt, den Parkweg entlang auf die Bank zu, die Bank war leer, niemand saß darauf. An ihrem Rand lag die Packung Zigaretten. Er hat sie genommen, in die Hosentasche gesteckt, ist nach Hause gefahren.

Als er mir diese Geschichte erzählte, Jahre später, beiläufig und schon im Fortgehen, fragte er mich, ob ich verstehen würde. Er sagte: »Verstehst du? Die Zigaretten waren tatsächlich noch da. Ich habe mir eine angezündet, das Päckchen in die Hosentasche gesteckt und bin nach Hause gefahren«, er sagte es so oder ähnlich und vor allem erinnere ich mich dabei an sein Gesicht, an seinen Ausdruck der Zufriedenheit über das schöne Ende dieser Geschichte. »Ja«, sagte ich, ich sagte, ich würde verstehen und ich habe ihn auch tatsächlich verstanden.

Ich bin nicht eifersüchtig. Nicht so, nicht so einfach. Ein Satz, an den ich mich erinnere, als sei ich als Kind in seinem Sprachrhythmus dazu auf den Steinplatten des Gartenweges gesprungen: Eifersucht ist eine Leidenschaft, die mit Eifer sucht, was Leiden schafft. Ein Satz, an den ich mich erinnere wie an einen Abzählreim, und heute weiß ich sicher, ich habe ihn damals gar nicht verstanden.

Ich verstehe ihn auch jetzt noch nicht recht, irgendetwas scheint mit diesem Satz nicht zu stimmen. Ich bin nicht eifersüchtig auf Constanze; auf diese frühere Liebe zwischen ihm und Constanze; wenn sie sich heute sehen, küsst sie ihn, sachte, auf den Mund, sie sieht manchmal bedauernd dabei aus, ich bin nicht eifersüchtig. Aber was ist es dann? Nachdem er mir diese Geschichte erzählt hatte, ist er gegangen, habe ich die Tür hinter ihm geschlossen, bin so stehen geblieben im dunklen Flur, bewegungslos, traurig und schwer und etwas war schlimm. Ich kann sie nebeneinander sitzen sehen auf dieser Bank im Park, er sitzt zurückgelehnt, die Augen geschlossen, sie redet, gestikuliert mit kleinen, eckigen, schönen Bewegungen, sie rauchen Zigaretten, sie hat eine etwas theatralische Art, den Rauch auszublasen. Ich weiß nicht, ob und wie sie sich berühren, oder weiß ich es doch? Ich kann das Licht sehen auf den grauen, glänzenden Steinen, ich weiß, es ist heiß. Ich bin eifersüchtig auf diese kleine, kurze Geschichte. Auf ihre Einfachheit. Auf die Zeit. Auf die, die ihn kannten, als ich ihn noch nicht kannte. Darauf, dass er die Welt sah ohne mich, dass er von mir nichts wusste und glücklich war. Ich bin eifersüchtig auf das Damals, auf die Vergangenheit, in der es mich für ihn nicht gab, an der ich nicht teilhatte und in der ich – unwiderruflich – keinen Platz habe. Aber davon hatte er mir nicht erzählt. Und was er mir eigentlich erzählte, habe ich verstanden. Dass die Zeit mit Constanze nämlich eine Zeit war, in der sie geschützt waren. Verschont. Unbewusst, unverletzt. Die andere Zeit, die Zeit der Verletzungen, der Trauer, des Verrates und der Müdigkeit, war noch nicht einmal vorstellbar. Das habe ich verstanden. Dass er die eine Zeit mit Constanze und die andere zum Teil mit mir verbracht hat, das verstehe ich nicht. Die Eifersucht, die mit Eifer sucht, was ein Leiden schafft. Dieser Abzählreim bricht mir das Herz und dennoch kann ich nicht anders als immer und immer wieder über ihn nachzudenken, mich an ihn zu erinnern, ihn in die Hand nehmen zu wollen – als wäre er sehr schön. Er erzählte mir diese Geschichte im Fortgehen und er sah wirklich zufrieden dabei aus, so wie jemand, der etwas zu einem Ende bringt. »Die Zigaretten waren tatsächlich noch da. Ich habe mir eine angezündet, das Päckchen in die Hosentasche gesteckt und bin nach Hause gefahren.«
(2001)

Selim Özdogan
Marita

Andreas hat mir einen kleinen Fernseher vorbeigebracht, damit
ich ein wenig Ablenkung habe. Ich habe ihn auf einen Stuhl gestellt und schalte ihn auch wirklich ein. Doch er lenkt mich nicht
ab, ich sehe nicht mal hin. Ich schalte ihn ein und stelle den Ton
5 laut, damit die Nachbarn nicht hören, wie ich weine.
Ich komme von der Arbeit, setze mich auf den Boden und starre
an die Wand. Manchmal klingelt das Telefon, und ich zucke zusammen. Doch ich gehe selten dran, ich warte bis der Anrufbe-
antworter anspringt, ich habe ihn auf dreimal Klingeln gestellt,
10 weniger geht nicht. Ich sitze auf dem Boden, bis ich merke, wie
die Tränen kommen, das dauert manchmal Stunden. Dann schalte
ich den Fernseher ein und bleibe vor dem Stuhl auf den Holzdielen
liegen.
Es ist nicht so, dass ich niemanden hätte. Andreas wohnt zwei
15 Stockwerke unter mir, und wenn es an die Tür klopft, gehe ich
ins Bad, und danach mache ich auf. Wir sitzen zusammen in der
Küche, und wenn ich lange genug nichts sage, geht Andreas wieder. Wenn ich ihn nicht so gut kennen würde, würde ich glauben,
dass es ihn langsam nervt. Ich weiß nicht mehr, wie lange es jetzt
20 her ist. Vier Wochen, fünf, sechs?
Ich kann keine Musik mehr hören. Es geht einfach nicht. Tagelang
habe ich darüber nachgedacht, warum das so ist. Musik sei eine
Art, mit Gott zu reden, habe ich mal gehört, vielleicht liegt es ja
daran. Ich will mich nicht unterhalten, mit niemandem.
25 Eigentlich will ich auch nicht leiden, ich will nicht sauer sein, ver-
letzt, ich will nicht aufbegehren gegen das Schicksal, klagen und
jammern und mich allein fühlen. Meistens gelingt es mir sogar.
Ich sitze einfach da, und das ist schon ziemlich viel, finde ich.
Obwohl alle sagen, ich solle doch lieber etwas unternehmen. Doch
30 ich sitze nicht nur da.
Seit du weg bist, habe ich versucht, alles genauso wie sonst immer
zu machen. Ich putze mir die Zähne, ich frühstücke, ich kaufe
samstags eine Zeitung und Brötchen. Ich gehe in den Supermarkt
und packe den Wagen voll, aber ich kann die Kassiererin nicht
35 anlächeln. Ich trinke selten, wie wir es immer getan haben, alle

paar Wochen waren wir beschwipst, und wenn wir allein waren, sind wir albern geworden. Freitags sauge ich Staub, aber ich mag mich nicht mit anderen Menschen treffen. Ich tue die Dinge, die wir getan haben, ich mache jeden Tag Tee und zünde die Kerzen an, wenn es dunkel wird. Außerdem sitze ich jeden Abend auf dem Boden und starre die Wand an.

Manchmal stelle ich mir vor, du seist tot. Ich weiß nicht, ob das einfacher wäre. Wenn du die ganze Welt verlassen hättest. Wenn da kein Glück mehr wäre für dich, wäre es dann einfacher für mich? Ich glaube nicht.

Andreas hat gesagt, es wäre sicherlich besser, wenn ich alles anders machte. Die Wände neu streiche oder mir Turnschuhe kaufe, weil ich das seit fünfzehn Jahren nicht mehr getan habe. Er hat gesagt, wir können auch einfach mal die Wohnung tauschen, ich könnte ein paar Wochen in seiner wohnen. So viel hat er vorgeschlagen am Anfang, er hat Flaschen mitgebracht und mein Lieblingsessen vom Thailänder, er wollte wegfahren mit mir, und er hat mir einen neuen Wasserkocher gebracht, den ich noch nicht ausgepackt habe.

Wir waren beide immer so genervt von unserem Gerät, das wir kurz vor Ladenschluss gekauft hatten, und das mit einem lauten, durchdringenden Piepen ankündigte, dass das Wasser nun kochte.

Ich wollte erst mal weiterleben, mir abgerissene Knöpfe an die Hemden nähen, die Pflanzen gießen, die Krümel aus dem Brotkorb schütteln, ich wollte leben, so wie wir gelebt haben. Es war schön. Das würdest du doch auch sagen.

Ich habe mich immer gefreut, wenn ich vor dir nach Hause kam und die Wohnung für mich allein hatte. Und ich habe mich immer gefreut, wenn ich dann deine Schritte im Treppenhaus erkannte. Manchmal glaube ich, ich hätte es geahnt. Aber das kann man hinterher immer sagen. Ich kenne diesen Blick, diesen kurzen Blick in die Augen fremder Menschen, als könnte man dort etwas finden. Ich kenne diesen Blick, ich sehe ihn oft, aber bei dir habe ich ihn nie bemerkt. Und trotzdem ist es so, als hätte ich es die ganze Zeit über gewusst.

Wie sonst kann man sich erklären, dass ich mich sofort damit abfand. Es hätte überall passieren können, auf einer Party, auf einem

Bahnhof, in einem Supermarkt, beim Thailänder, es hätte überall passieren können, und es hätte überall eine Romantik gehabt, an einer Tankstelle, in einem Baumarkt zwischen Säcken von Kalk und Putz, vor einer öffentlichen Toilette. Es hätte überall passieren
5 können, das gelbe Haus in der Bismarckstraße war nicht besser oder schlechter als ein anderer Ort.

Davor habt ihr euch zum ersten Mal gesehen, und ich war dabei. Ihr habt euch in die Augen gesehen, und, zugegeben, da wusste ich es vielleicht noch nicht.

10 Als wir kurz darauf im Buchladen standen, ich in der Musikabteilung und du bei den Neuerscheinungen, und er wieder auftauchte, weil er uns gefolgt war, wusste ich es. Ich stand da mit diesem Buch über Chet Baker[1] in der Hand, und du kamst auf mich zu. Es dauerte so lange, ich hatte noch Zeit, mir zu überlegen, ob meine
15 Knie nachgeben würden, ob ich das Buch kaufen würde, ob ich mich vielleicht nicht doch täuschte, Zeit, mir darüber klar zu werden, dass du seit dem gelben Haus irgendwie abwesend warst, Zeit, mich zu fragen, was ich ohne dich tun würde.

So etwas ist mir noch nie passiert, waren deine ersten Worte, und
20 ich wusste, dass es die Wahrheit war und dass du versuchen würdest, herauszubekommen, was denn genau geschehen war.

So etwas ist mir noch nie passiert. An den Rest kann ich mich nicht erinnern, ich konnte nur an Feuer denken, Feuer, das mich wärmen konnte, oder Flammen, die alles auslöschten. Ich wusste
25 nicht, wo es herkam, Flammen, Feuer, aber ich sah nicht rot, ich sah nur die Asche.

Wenn ich hier sitze und warte, dann frage ich mich oft, ob du mit ihm glücklich wirst. Und ob es einen Unterschied macht. Ich glaube nicht. Ich glaube beides nicht. Ich glaube nicht, dass Romantik
30 etwas bedeutet.

Sie ist irgendwann aufgebraucht, und du wirst dann nicht zurückkommen. Ich glaube nicht, dass sich etwas von heute auf morgen ändert. Glaubst du, ab jetzt wird alles einfacher für dich? Glaubst du, es wird dir immer besser gehen? Glaubst du, dieser Blick wird
35 ewig währen?

Aber ich weiß nicht, was ich getan hätte an deiner Stelle. Es ist leicht für mich zu schreiben.

---

1 amerikanischer Jazztrompeter

Eine Weile noch, eine Weile noch werde ich so leben, bis ich eines Tages den Fernseher wieder runterbringe. Eine Weile noch, zwei Wochen, drei, vier, fünf.

Natürlich wünsche ich mir manchmal, es wäre nie passiert. Natürlich wünsche ich, ich könnte aufhören. Mit allem. Ich könnte aufhören, zu träumen und zu wünschen, zu denken, zu weinen, zu lieben, zu grübeln, zu essen und aufhören, die Pflanzen zu gießen. Manchmal wünsche ich, ich könnte meine Tränen in meinem Mund sammeln und dann ausspucken, wie ein Wesen, das noch nie die nassen Spuren auf seinen Wangen gespürt hat.

Marita, in diesen Tagen fühle ich mich manchmal sehr jung, als hätte ich noch nichts erlebt und nichts gelernt. Und manchmal fühle ich mich sehr alt, als hätte ich alles schon gesehen, und es wäre alles dasselbe. Aber ich fühle mich fast immer klein. Ich weiß nicht, ob mich jemand finden kann.

(2003)

Gert Loschütz
Aquarium

Eine Frau wird von ihrem Mann ins Zimmer gerufen. Als sie die Tür
öffnet, stößt er den Schemel um, auf dem er steht, und stürzt in die
Schlinge. Auf dem Tisch liegt noch das Messer, mit dem er den
Strick auf die richtige Länge gebracht hat. Geistesgegenwärtig greift
5 sie danach, steigt auf den Schemel, den sie zuvor wieder aufgerich-
tet hat, und trennt den Strick durch. Der Körper des Mannes fällt zu
Boden. Als sie sich über ihn beugt, hört sie ihn stöhnen. Er lebt also,
scheint bewusstlos vom Sturz, ist wohl mit dem Kopf aufgeschla-
gen. Sie will ihn zu Bett bringen, schafft es aber nicht, den schweren
10 Körper die Treppe hinaufzuzerren, das Schlafzimmer liegt im ersten
Stock, deshalb holt sie Federdecke und Kissen herunter, bettet den
Bewusstlosen weich; wird sich schon erholen, das Aas, denkt sie,
klettert noch einmal auf den Schemel, schneidet den Strick kurz
unterm Haken ab und danach in armlange Stücke, damit er, wenn
15 er aus seiner Bewusstlosigkeit erwacht, den Unsinn nicht wiederho-
len kann; legt sich, da das Notwendige getan scheint, schließlich zu
Bett. Wird schon nachkommen, wenn er aufgewacht ist!
Als sie am Morgen die Treppe hinabsteigt, liegt er noch immer so
da, neben dem Tisch, auf dem Boden, atmet matt. Und jetzt sieht
20 sie, dass Blut aus dem linken Ohr getreten ist, eine dünne Spur,
die am Hals entlang in den offnen Kragen führt, sich als rostroter
Fleck, so groß wie zwei Daumenkuppen, neben dem Nacken auf
dem Kissen versammelt hat. Atmet er wirklich? Sie ruft ihn mit
all seinen Schimpfnamen, doch er gibt keine Antwort. Da er so
25 merkwürdig aussieht, wagt sie nicht, ihn zu berühren, geht ins
Nachbarhaus – sie wohnen in einer Reihenhaussiedlung, es ist
Sonntag, aus dem offnen Fenster riecht es schon nach angebrate-
nen Zwiebeln –, um nach dem Arzt zu telefonieren; zu spät.
Sie hätten, sagte sie später, die übliche Ehe geführt. Mit Selbsttö-
30 tung habe er öfter gedroht, letztes Mal, weil sie vergessen hätte, das
Aquariumbecken zu reinigen, an diesem Abend. Sie habe gehört,
wie er den Haken in die Decke schlug, und, da es auf Mitternacht
zuging, gedacht, hoffentlich beschweren die Nachbarn sich nicht,
sind immer so pingelig.
(1990)

DEUTSCHE VERGANGENHEITEN

Georg M. Oswald
Das Loch

Als der Führer in seinem Bunker in Berlin den Heldentod starb, grub mein Onkel Otto in seinem Vorgarten in Moosach ein Loch. Groß war das Loch, das mein Onkel Otto grub. So groß und geräumig, dass der tote Führer bequem darin Platz gefunden hätte.

5 Das mag auch der Grund gewesen sein, warum mein Onkel Otto das Loch nur sehr widerwillig grub und wohl das Graben sofort eingestellt hätte, wäre nicht seine Frau, meine Tante Sophie, hinter ihm gestanden und hätte auf dem Graben des Loches bestanden.

»Der Führer ist in seinem Bunker in Berlin den Heldentod gestor-
10 ben, der Amerikaner steht in Garmisch und du gräbst jetzt ein Loch!«, muss sie zu meinem Onkel Otto gesagt haben.

Und entweder schweigend oder murrend, entweder mit verzweifeltem oder finsterem Blick, ist mein Onkel Otto hinausgegangen in den Garten, hat einen Spaten genommen und zwischen den
15 Gemüsebeeten begonnen das Loch, um das es hier geht, zu graben. Und weil meine Tante Sophie mit – wie man so sagt – gesundem Menschenverstand ausgestattet war, ist sie meinem Onkel Otto nachgegangen und hat sich hinter ihm aufgestellt und hat dabei vielleicht sogar die Fäuste in die Hüften gestemmt.

20 Denn wenn zu jener Zeit auch nicht sicher war, was die nächste Stunde und was der nächste Tag bringen würde – sicher war, dass mein Onkel Otto jetzt und sofort und auf der Stelle ein Loch graben musste. Und zwar ein großes Loch. Am besten ein sehr großes Loch. Und also grub mein Onkel Otto. Und entweder schwieg
25 mein Onkel Otto, als er das Loch grub, oder murrte mein Onkel Otto, als er das Loch grub. Und entweder mit verzweifeltem oder mit finsterem Blick grub mein Onkel Otto das Loch.

Vermutlich war ihm dabei die Vorstellung äußerst unangenehm, die Nachbarn könnten ihn beobachten. Denn hätten ihn die Nach-
30 barn dabei beobachtet, wären sie sicher schadenfroh gewesen oder sogar zornig geworden. »Grab es nur recht tief, das Loch, damit du auch noch mit hineinpasst!«, hätten die Nachbarn möglicherweise sogar gerufen, hätten sie ihn beim Graben des Loches beobachtet.

Richtiggehend Angst hätte er bekommen müssen, vor den Nach-
35 barn, mein Onkel Otto – denn immerhin war er ja jahrelang der

Blockwart gewesen –, aber dazu hatte er jetzt gar keine Zeit, denn der Führer war in seinem Bunker in Berlin den Heldentod gestorben, der Amerikaner stand in Garmisch und deshalb musste er jetzt ein Loch graben –, gleich, was die Nachbarn dachten.

Und irgendwann, nach einer halben oder einer ganzen Stunde, sagte meine Tante Sophie: »Das reicht.« Und das Loch war groß genug und fertig.

Und mein Onkel Otto und meine Tante Sophie gingen ins Haus. Und mein Onkel Otto holte seine SA-Uniform aus dem Schrank und meine Tante Sophie legte sie zusammen. Und ich frage mich, ob sie sie nicht vielleicht in ein Wachstuch eingeschlagen hat. Und mein Onkel Otto legte seine Hakenkreuzbinde und sein Parteiabzeichen auf die Uniform. Und er nahm das Bild des Führers von der Wohnzimmerwand und legte es auf die anderen Sachen. Und als er *Mein Kampf* aus dem Bücherschrank nahm, sagte meine Tante Sophie: »Das nicht, das war unser Hochzeitsgeschenk von der Partei«, und nahm es an sich.

Und dann gingen mein Onkel Otto und meine Tante Sophie wieder hinaus in den Vorgarten, zwischen die Gemüsebeete, wo das Loch war, und legten alles hinein.

Und dann schaufelte mein Onkel Otto das Loch wieder zu, trat die Erde darauf fest und verteilte die Erde darauf so regelmäßig, dass keiner je im Leben auf die Idee gekommen wäre, an dieser Stelle hätte sich einmal ein Loch befunden.

Mein Onkel Otto und meine Tante Sophie haben dann später nie wieder von dem Loch gesprochen. Nicht miteinander und schon gar nicht mit anderen. Wer spricht auch schon von so einem Loch. Was kann man von so einem Loch auch schon groß sagen. Wer will sich auch schon an so ein Loch erinnern. Und wer versteht denn heutzutage auch schon, was so ein Loch bedeutet.

Erst viele Jahre später, als mein Onkel Otto bereits tot war, ging meine Tante Sophie einmal an die Küchenvitrine und holte hinter den Tellern ein Buch hervor und zeigte mir das Hochzeitsgeschenk von der Partei, wie sie es immer noch nannte. Und dann erzählte sie mir mit ganz leiser Stimme – so als sei jemand hier, der sie nicht hören dürfte, die Geschichte, wie mein Onkel Otto in seinem Vorgarten in Moosach das Loch gegraben hatte.

(1995)

Michael Kleeberg
Der Vater von Lise

Die Wohnung von Lise war seltsam geschnitten, ein Zimmer an
jedem Ende und dazwischen ein zwölf Meter langer Gang, ein
fensterloser Flur, den man der ganzen Länge nach durchqueren
musste, wenn es klingelte, und dann hörte man das alte Parkett
5 lange von Schritten knarren, bevor man wusste, wer gekommen
war. Die eine Wand stand voll von Büchern. Lises Großeltern hatten schon hier gelebt, und ich stellte mir vor, wie der Gang in einer
bürgerlich eingerichteten Wohnung in den zwanziger Jahren ausgesehen haben mochte. Die Wohnung lag in der Rue de Grenelle,
10 aber die Zimmer gingen nach hinten auf den Hof. Ich war das erste
Mal dort, meine Freundin arbeitete mit Lise zusammen.
Lise war 50 Jahre alt. Sie war klein und zierlich, und ihr kurzes Haar
war weißblond gefärbt und mit Gel zu einer Bürste hochgefönt. Sie
hatte sehr schlechte Zähne und hielt beim Lachen die Hand vor
15 den Mund oder versuchte, mit geschlossenem Mund zu lachen,
meine Freundin sagte mir, sie habe kein Geld für eine Zahnbe-
handlung. Ich wusste nichts weiter von ihr, als dass sie geschieden
war, eine Psychoanalyse hinter sich hatte und mit Olivier zusam-
menlebte, einem bekehrten Homosexuellen, der 20 Jahre jünger
20 war als sie.
Diesen Olivier konnte ich vom ersten Moment an, als er mir seine
feuchte Hand gab, nicht ausstehen. Er sah aus wie Ludwig der II.[1]
in Viscontis[2] Film, aber das lag an der Frisur und dem gedrechsel-
ten Schnurrbart, der über die wulstigen Lippen hing und dessen
25 Spitzen ständig feucht waren, weil sie in den Mund gerieten. Ein
Schneidezahn war ihm abgebrochen, und er lispelte ein wenig zwischen seinen wurstdicken Lippen hindurch. Er gestikulierte mit
den Armen und redete wie eine Verkäuferin, die im Supermarkt
Kosmetika anpreist. Er mokierte sich über das geschmacklose Aus-
30 sehen irgendwelcher Leute, die er kannte oder gesehen hatte, und
ahmte eine aufgetakelte Frau nach, die ihm beim Schlangestehen in
der Bäckerei dumm gekommen war, von entsetzlich »koscherem«[3]
Look, den er nicht zögerte zu beschreiben, wobei seine Hände über

1 bayerischer König von 1864-1886
2 Luchino Visconti: italienischer Filmregisseur (1906-1976)
3 (hebr.-jidd.): den jüdischen Speisegesetzen gemäß; ugs. für: einwandfrei

seinen Schultern flatterten wie bei einem Vaudeville[4]-Tänzer. Er
behauptete, der schlagfertigste Mensch zu sein, und ließ sich das
mit schräg geneigtem Kopf von Lise bestätigen. Er schwitzte stark,
»weil ich alles mit Leidenschaft tue«, und als er jetzt in der Küche
war, um das Essen zu bereiten, war ich mehr als misstrauisch an- 5
gesichts der zu erwartenden Ergebnisse.
Er hatte Kunst studiert und arbeitete als Kostümdesigner und Büh-
nenbildner an irgendwelchen Theatern und betätigte sich darüber
hinaus als Frisör – welch banales Wort, wenn man sah, wie er, die
gespreizten Finger vor dem Gesicht, um einen Kopf herumschritt, 10
um die Vibrationen des Haars in sich aufzunehmen. Also wirklich,
sagte er zu meiner Freundin, du bist ungeheuer süß, aber deine
FRISUR.
Das gezierte Pariser Ästhetentum der beiden ging mir auf die Nerven, das Geschwätz über Klimt[5], Heidegger und Handke, und trotz 15
der Bitte meiner Freundin, tolerant zu sein, nahm ich mir vor, sie
zu provozieren. Eine hässliche, auf jung getrimmte Alte, die ihre
Tage in Kunstausstellungen verbringt und mit einer Tunte zusam-
menlebt, die ihr Sohn sein könnte: Ansatzpunkte, mich über sie
lustig zu machen, gab es mehr als genug. Ich wies auf das Plakat 20
eines Films von Wenders[6] und begann, über die monströse Lan-
geweile zu reden, die ich in seinen Filmen empfunden hatte. Lise
verteidigte Wenders heftig, und ich war kurz davor, ihr an den
Kopf zu werfen, dass für Leute wie sie und Olivier diese Art Kultur
tatsächlich ideal sein müsse, als meine Freundin, um einzulenken, 25
auf ein gerahmtes Foto deutete und fragte, wen es darstelle. Das
Foto sah aus wie ein Jugendbildnis von Barbra Streisand[7].
Mich, sagte Lisa. Das bin ich vor 25 Jahren.
Das ist also noch im Schtetl[8] aufgenommen, witzelte Olivier.
Und da begriff ich: Lise war Jüdin. 30
Und da war die innere Barriere! Innerhalb einer Sekunde beschloss
ich, freundlich zu sein, tolerant und schonend. Attacken, Witze
oder Zweideutigkeiten waren nicht mehr erlaubt. Lise hatte mich

---

4 französisches volkstümliches Lied; Singspiel
5 Gustav Klimt (1862–1918): österreichischer Maler
6 Wim Wenders: deutscher Filmregisseur und –produzent
7 amerikanische Sängerin und Schauspielerin
8 (jidd.): früher kleinere Stadt (in Osteuropa) mit jüdischer, nach eigenen Tra-
   ditionen lebender Bevölkerung

nicht wie einen Deutschen behandelt oder mir gegenüber ein anderes Verhalten an den Tag gelegt als den anderen, sie hatte nicht
einmal von sich aus erwähnt, Jüdin zu sein. Und warum schließlich auch? Aber ich war zutiefst irritiert, ich legte mir Ketten an.
5 Deutsche Freunde von mir hatten nur drei Verhältnisse zu Juden:
Einer war in eine Jüdin verliebt und hingerissen von ihrer Intelli-
genz, ihrem Witz, ihrer Kultur, der leicht arroganten Aura des Aus-
erwählten, was vielleicht aber auch mit dem besonderen Charakter
jenes Mädchens zusammenhing, das ihn um den Finger gewickelt
10 hatte; er studierte Theologie und lernte Hebräisch; für die große
Masse meiner Bekannten waren Juden etwas Theoretisches aus den
Geschichtsbüchern, sie hatten nie einen kennen gelernt, wussten
nur, dass man als Deutscher ihnen gegenüber noch immer ein gewisses Schuldbewusstsein besaß, und waren ansonsten ein wenig
15 stolz auf sie, wie auf die Juniorenmannschaft aus dem gleichen
Verein, wenn sie da drüben bei sich in Israel preußisch-deutsche
Tugenden an den Tag legten. Die dritte Gruppe waren die militan-
ten Linken, die Judentum, Zionismus und den Staat Israel in einen
Topf warfen, die Juden als Imperialisten und Nazis beschimpften
20 und sich mit den Arabern im Allgemeinen und den Palästinensern
im Besonderen solidarisierten.
Ab sofort hatte Lise unbegrenzten Kredit. Selbst die intellektuellen
Gespräche erschienen mir nun in anderem Licht, und ich wollte zeigen, dass meine künstlerische Bildung mit der ihren Schritt
25 halten, mein roher Goi[9]-Geschmack es an Feinheiten mit ihrem
aufnehmen konnte. Als das Essen auf den Tisch kam, fiel mein
Blick auf ein Buch, und ich begann, zwischen den Gängen seinen
Inhalt zu referieren.
Es gab zuerst Artischockenherzen, Spargel und ein von Olivier
30 selbst kreiertes Zucchiniepüree. Danach Geflügelleber mit dampf-
gekochtem Gemüse. Meine Freundin gab zu, zum ersten Male Geflügelleber ohne Widerwillen zu essen, und Olivier erklärte, das
ganze Geheimnis bestehe darin, die Leber in heißem Öl ganz scharf
anzubraten und sie dann bei bedeckter Pfanne köcheln zu lassen.
35 Er stellte Salz auf den Tisch, tupfte sich die schweißnasse Stirn mit
der Serviette ab und sagte lispelnd: Wir salzen überhaupt nicht.
Nehmt also Salz nach Bedarf. Lise und ich halten salzfreie Diät,

---

9 jüdische Bezeichnung für einen Nichtjuden

und wir vermissen es auch nicht. Aber ich weiß natürlich, dass das nicht jedermanns Sache ist.

Ich sprach von dem seltsamen, herzzerreißenden Roman über die jüdische Aristokratie Ferraras, die in einer unbegreiflichen Mischung aus Gleichgültigkeit, lebensmüder Dekadenz und per- 5 versem Stolz auf ihre Sonderrolle den Untergang bewegungslos erwartet hatte. Lise nickte mir ernst zwischen zwei Bissen zu und sagte: Meine Großeltern. Das sind meine Großeltern. Du musst wissen, meine Großeltern wurden in Auschwitz vergast, und sie waren ganz genauso. 10

Da war das Wort, sehr beiläufig gesprochen. Was fühle ich? Keine Schuld, kein Entsetzen, aber das Paket in meinem Kopf mit dem Wissen über all das entschnürte und öffnete sich und forderte wei- teres Material. Ich trage die Geschichte in meinem Kopf wie ein Gepäckstück im Rucksack, nicht einmal ein besonders beschwer- 15 liches, aber ein zusätzliches Gepäckstück, über die Dinge hinaus, die ich für mich selbst brauche; wie das Paket eines Verstorbenen, Verwandten, Freundes oder Feindes, auf das Acht zu geben ich versprochen habe, dessen Gewicht und dessen Präsenz in meinem Gepäck ich akzeptiert habe und das ich manchmal hervorhole, um 20 es mir anzusehen, um es dann wieder einzupacken und weiterzu- gehen, so dass nur das zusätzliche Gewicht mich daran erinnert, dass da etwas ist, das nicht mir gehört, das aber dennoch zu einem ständigen Begleiter geworden ist.

Erzähl, bat ich also Lise. 25

Mein Großvater, begann Lise, war Anwalt, und er erinnerte sich noch sehr gut an die Zeit der Dreyfusaffäre[10], die mit den ersten Jahren seines Berufslebens zusammenfiel. Um so erschreckender, um so gebannter verfolgten beide meine Großeltern den Aufstieg Hitlers, die Annektionen der dreißiger Jahre, den Spanienkrieg, bis 30 hin zum unwürdigen Taktieren unserer Regierung in München. Sie verfolgten alles, was geschah, gebannt und unbeweglich, wie das Kaninchen vor der Schlange, und dabei waren sie im sicheren Frankreich, und kein Mensch konnte sich denken, dass die Deut- schen irgendwann Frankreich besetzen würden. Meine Großeltern 35 lebten hier in dieser Wohnung, und in meinen frühesten Erinne-

---

10 antisemitisch motivierter Landesverratsprozess gegen den jüdischen franzö- sischen Artillerieoffizier Alfred Dreyfus (1859–1935)

rungen war mein Großvater schon pensioniert, und ich wohnte
mit meinen Eltern im vierten Arrondissement[11], aber wir sahen
uns jede Woche in der Synagoge und danach entweder bei ihnen
oder bei uns. Mein Vater war das genaue Gegenteil seines Vaters,
der ein zögerlicher und müder Mann war. Mein Vater war (und
ist noch, selbst mit 84) ein impulsiver Mensch, ein fürchterlicher
Charakter, eine Autoritätsperson, die nie ein Wort Widerspruch
geduldet hat. Nach meiner Geburt fanden sie langsam zusammen,
aber davor hatten sie jahrelang kein Wort gewechselt, was schon
damit begonnen hatte, dass mein Vater Medizin studiert hatte an-
statt Jura. Auch war mein Vater politisch wach, meine Großeltern
verfolgten zwar alles, was geschah, aber sie betrachteten die Ent-
wicklungen, wie du einen Horrorfilm im Kino betrachtest, nach
dem du während der Nacht das Licht in deinem Schlafzimmer
brennen lässt. Dann kam die »Drole de Guerre«[12] und dann der
tatsächliche Krieg und der Einmarsch nach Paris. Mein Vater hatte
die ganze Zeit hindurch hier weiter im Krankenhaus gearbeitet,
und ich erinnere mich dunkel, dass ich ihn während dieser Zeit
kaum einmal zu Gesicht bekommen habe. Dann begannen die
»grauen Jahre«, ich nenne das so, weil – hast du mal Fotos von
Paris aus jener Zeit gesehen? Die Stadt, die leeren Straßen, die wenigen Gesichter, die Häuser, selbst das Licht, alles war grau in dieser Zeit, und natürlich ging es mit den Schikanen gegen die Juden
los. Mein Vater erzählte mir später, dass er sofort begonnen hatte,
Geld auf die Seite zu legen, und tatsächlich sind wir, er, ich und
meine Mutter, ja auch schon im Winter 40 auf 41 über die Demar-
kationslinie[13] geflohen und nach Toulon gegangen, wo mein Vater
über irgendwelche Kontakte Arbeit im Krankenhaus bekam und
unsere Papiere ändern lassen konnte. Aber meine Großeltern! Sie
verhielten sich völlig schizophren. Zum einen waren sie erstarrt,
der Alptraum war Wirklichkeit geworden. Die Deutschen waren
da, man ahnte, man wusste, dass es für die Juden kein gutes Ende
nehmen würde. Meinen Großeltern war also, als könnten sie aus
ihrem Alptraum nicht mehr erwachen, und all die Anstrengungen,

11 Stadtbezirk
12 (frz.): »komischer Krieg«, der sonderbare Zustand zwischen ausgesproche-
ner Kriegserklärung und tatsächlichem Kriegsausbruch
13 Grenze zwischen besetztem und unbesetztem Frankreich während des
Zweiten Weltkriegs

wach zu werden, ermüdete sie vollends. Zum anderen änderten sie nichts an ihrem täglichen Leben. Sie gingen auf die Straße, sie versteckten sich nicht, sie schmiedeten keine Fluchtpläne, und vorerst war ja, bis auf die veränderte Atmosphäre, das, was ich dir als graue Jahre beschrieb, alles beim alten. Einerseits waren sie also gebannt und terrorisiert, andererseits lebten sie ihr tägliches Leben, wie sie es seit der Pensionierung meines Großvaters gelebt hatten, unverändert weiter.

Mein Vater beschwor sie, mit uns zu kommen, zu flüchten, aber mein Großvater muss ihn einmal, in charakteristischer Schizophrenie, geantwortet haben: Es hat gar keinen Sinn mehr, irgendwohin flüchten zu wollen. Sie sind doch überall. Und außerdem, was ändert sich denn? Es bleibt ja doch alles irgendwie beim alten. Da gab es mein Vater auf. Einen Tag bevor wir flohen, besuchten wir sie, es war Dezember oder Januar, da hatten sie bereits die Koffer gepackt, und meine Großmutter war dabei, die Vorhänge abzunehmen. Sie hatten alle Schubladen ausgeräumt und Laken über die Möbel gebreitet, sie hielten nur noch die nötigsten Funktionen der Wohnung aufrecht, meine Großmutter hatte ihren Schmuck in ihrer Handtasche verstaut. Sie hockten wörtlich auf den großen Koffern und warteten.

Mein Vater schrie sie an, was das solle, und mein Großvater antwortete ihm ganz ruhig, dass sie die Anspannung, die Ungewissheit, das Verharren im Alptraum leid seien, alt und müde wie sie wären. Wir haben gehört, dass sie die Juden abholen, irgendwann, zuerst kommen sie, um vorzuwarnen, dass man seine Sachen packt, und dann muss man irgendwohin nach Deutschland oder in den Osten, in Gefangenschaft, in irgendwelche abgelegenen Dörfer, was weiß ich. Aber wenn sie dann kommen, dann möchten wir bereit sein und ihnen sagen, wir gehen gleich mit, hier, alles ist bereit, und vielleicht trifft man dort auch andere von uns, hier sieht man ja niemanden mehr, aber wie auch immer, wir möchten bereit sein, wenn sie das erste Mal kommen, damit das Warten endlich ein Ende hat, damit das Warten vorbei ist, das ewige, fürchterliche Warten.

Ich weiß nicht, ob sie sich wirklich einbildeten, in irgendein Dorf im Osten zu kommen, oder ob sie sich etwas vormachten oder womöglich uns beruhigen wollten, wir gingen also fort, und wie wir später hörten, warteten meine Großeltern noch mehr als ein Jahr, bis sie abgeholt wurden mit ihren Koffern und in den Zug gesetzt wurden, der direkt nach Auschwitz fuhr.

Mein Vater war eine andere Generation, er war aktiver, er war voller Wut, voller Hass, weißt du, persönlichem Hass, den er in den Jahren des Krieges und danach immer mehr nährte, er war einer von den Unermüdlichen, Besessenen, wie die Leute, die nach dem Krieg Israel aufgebaut haben, aber sein Hass, der bezog sich weniger auf die Ermordung seines Volkes, als auf die seiner Familie, die Erniedrigung, und er wurde immer monomanischer in seinem Hass auf alles Deutsche, immer – wenn du so willst – ungerechter, nichts und niemand, was deutsch war, von der Erde über die Sprache bis zu Goethe, entging seinen Tiraden, und selbst nach dem Krieg, als es deutlich wurde, dass sie darangingen, Deutschland wieder zu integrieren, er wollte nichts verzeihen, nichts vergessen, er suchte, fast wie ein Sizilianer, seine persönliche Rache.

Und wie das so geht, der Moment, Rache zu nehmen, kam tatsächlich, aber wenn du mich fragst (und dabei drehte sie den Finger vor der Stirn), war das, was ihm einfiel, schon nicht mehr normal. Jedenfalls habe ich ihn, seit er mir mit glühenden Augen von seiner Rache erzählte, nicht mehr ernst nehmen können, all seine Autorität zerbröselte in jener Zeit vor meinen Augen, weißt du, wie eine Gipsbüste, deren Drahtgeflecht im Innern nicht galvanisiert[14] wurde und die zu rosten beginnt, so dass aus dem Antlitz plötzlich rostrote Flecke brechen wie Pocken, das ganze Ding wird lächerlich, und hinter der Würde kommt der Wahnsinn zum Vorschein.

Jedenfalls, es war schon 1945, wir lebten seit langem wieder in Paris, und mein Vater praktizierte wieder, er hatte jetzt eine eigene Praxis. Eines Tages kam ein junger Mann und rief ihn zu sich, seine Frau sei am Verbluten. Er ging sofort hin, die Frau hatte eine Fehlgeburt erlitten und blutete wie ein Schwein, der ganze Boden war voll von Blutlachen bis hin zum Bett, und es war nur noch eine Frage der Zeit. Sie war bei Bewusstsein und stammelte einige Worte, deutsche Worte. Es waren die ersten deutschen Worte, die mein Vater seit Jahren hörte, und es war in der Tat eine junge Deutsche. Ich weiß nicht, mit welchem Blick mein Vater den jun-

---

14 durch Elektrolyse mit Metall überzogen

gen Franzosen richtete, aber er schickte ihn hinaus und schloss die
Tür. Die Situation war sehr ernst, denn es gab weit und breit keine
Blutkonserven, und da musste mein Vater also nun mit der jungen
Deutschen, die im Sterben und in ihrem Blut lag, und seiner Rache
und ohne Blutkonserven allein im Zimmer gehockt haben. 5
Lise unterbrach sich, um eine Zigarette anzuzünden.
Und, hat er sie verrecken lassen, verbluten lassen? entfuhr es mir.
Lise lachte und winkte ab und sah mich dann mit einem Lächeln
an, in dessen Sympathie, wie mir scheint, ein wenig Mitleid ge-
mischt war. 10
Nein, sagte sie. Er hat sie nicht verbluten lassen. Er hat sich eine
Spritze an den Arm gesetzt, sein Blut abgezapft und es ihr trans-
feriert. Mehr als einen Liter. Sie hat überlebt, und er war weiß wie
ein Albino, als er nach Hause kam.
Ich sah Lise mit leerem Blick an, ohne zu verstehen. Und? fragte 15
ich. Er hat sie also gerettet?
Ja, mit seinem Blut. Mit jüdischem Blut, sagte Lise. Er hat die Deutsche, die Arierin, mit jüdischem Blut vollgepumpt, mit dem sie
nun leben durfte, leben musste, wenn du willst. Jüdisches Blut, das
ihr zum Weiterleben verhalf. Er hat die ganze Rasse verseucht. 20
Donnerwetter, sagte ich langsam und versuchte mir vorzustellen,
was im Kopf jenes Mannes vorgegangen sein musste. Das ist, das
ist wirklich sublim als Idee …
Verrückt ist es. Krank. Masochistisch, sagte Lise abfällig. Das Mädchen übrigens hat nichts von all den Subtilitäten mitbekommen. 25
Sie war ihm ungeheuer dankbar. Sie hat ihm noch zehn Jahre lang
zu Weihnachten und zu Ostern Karten mit einem dicken Dankeschön geschickt.
Olivier tippte mit dem Finger auf seine Uhr: Kinder, wenn wir
nicht zu spät zum Konzert kommen wollen, müssen wir gehen. 30
Wir tranken unseren Kaffee aus, drückten die Zigaretten in den
Aschenbecher und gingen aus dem Haus. Meine Freundin hatte
sich bei mir eingehängt. Es wehte ein linder Wind, und man konnte zum ersten Mal in diesem Sommer abends ohne Jacke ausgehen.
Olivier beobachtete die ganze Zeit die Frisur meiner Freundin, 35
denn er hatte versprochen, ihr die Haare zu schneiden und ließ
sich jetzt inspirieren.
(1997)

75

Christoph Hein
Der Krüppel

Im Oktober 1952 klopfte ein vierzigjähriger, einarmiger Mann in
abgerissener Kleidung an eine Wohnungstür in der Bänschstraße
des Stadtbezirkes Friedrichshain[1]. Ein junger Mann öffnete ihm
die Tür und fragte, was er wolle.

5 Eisele ist mein Name, sagte der Krüppel und wies mit dem Kopf auf
das Schild an der Tür, auf dem der gleiche Name stand.
Ja und? Fragte der junge Mann, das ist noch kein Grund, bei uns
zu betteln.
Der Mann erwiderte nichts, sondern sah nur den vor ihm ste-
10 henden Achtzehnjährigen an. Dann kniff er böse die Augen
zusammen, hob den mitgebrachten Karton hoch und stieß ihn
heftig dem überraschten jungen Mann vor die Brust, so dass dieser
zurücktaumelte und dabei den Eingang freigab.
Der Krüppel trat in die Wohnung und sagte: Ich bin dein Vater.
15 Wo ist meine Frau?
Der Mann kam nach sieben Jahren aus russischer Kriegsgefangenschaft zurück, während der er in Westsibirien an dem Bau von
Staudämmen hatte mitarbeiten müssen. Die letzten zwei Jahre
seiner Gefangenschaft war er der Kulturbeauftragte seines Lagers
20 gewesen, da ihm ein durch die Arbeit im kalten Wasser entstan-
denes Rheuma eine andere Tätigkeit unmöglich machte. In Gefangenschaft war er trotz des fehlenden Arms gekommen, weil
ihm, als das Lazarett, in dem der wundbrandige Arm amputiert
worden war, vor den heranstürmenden Truppen der Roten Armee
25 geräumt werden musste, vom Kommandeur, einem Mediziner im
Range eines Oberst, zusätzlich zu den bereits erhaltenen Auszeichnungen, einer Nahkampfspange und dem Eisernen Kreuz zweiter
Klasse, zwei Tage vor dem Erscheinen der sowjetischen Truppen
das Ritterkreuz mit Schwertern übergeben worden war. Tatsächlich
30 war ihm das Ritterkreuz nie zugesprochen worden. Der Lazarett-
kommandeur hatte Eisele seine eigene Auszeichnung überreicht,
um ihn über die gleichzeitig mitgeteilte Entscheidung, ihn bei der
überstürzten Verlagerung des Lazaretts nicht mitnehmen zu können, zu trösten. Diese hohe Auszeichnung stempelte Eisele in den

---

1 Stadtbezirk in Ost-Berlin

Augen der Russen zu einem Kriegsverbrecher. Und obgleich Werner Eisele Ende der zwanziger Jahre mit einer Delegation seiner Partei, er war Mitglied des kommunistischen Jugendverbandes, drei Monate in der Sowjetunion gearbeitet hatte, um in der Nähe von Moskau ein Kinderdorf zu errichten, und dabei auserwählt 5 worden war, an einem halbstündigen Treffen mit dem Staatsführer J. W. Stalin teilzunehmen, musste er sieben Jahre in Kriegsgefangenschaft bleiben.

Der Krüppel stand vor dem jungen Mann, seinem Sohn, und wartete auf eine Antwort. Der Sohn öffnete ihm die Tür zum Wohn- 10 zimmer, in dem zwei Kinder saßen und Schularbeiten machten.

Arbeitet weiter, fuhr er sie an, als sie die Köpfe neugierig von ihren Heften hoben. Und zu seinem Vater sagte er: Setzen Sie sich. Ich sage meiner Mutter Bescheid.

Als die Mutter der Kinder das Zimmer betrat, stand der Mann auf. 15 Die beiden Eheleute betrachteten sich gegenseitig, prüfend, lieblos und misstrauisch. Dann sagte die Frau ohne jede Herzlichkeit zu ihm: Wir dachten, du seist längst tot.

Sie reichte ihm die Hand. Guten Tag, Eisele.

Hast du einen anderen Mann? fragte er. 20

Sie lachte verbittert auf. Wie denn, fragte sie, mit fünf Kindern am Hals?

Schön, erwiderte der Mann, denn davor hatte ich all die Jahre Angst. Mach mir etwas zu essen.

Die Frau verließ das Zimmer und ging in die Küche. 25

Am Abend saß die Familie, das Ehepaar und fünf Kinder im Alter zwischen zehn und achtzehn Jahren, am Küchentisch. Der Heimkehrer begann von seiner Gefangenschaft zu erzählen, aber seine Frau unterbrach ihn und sagte: Wir kennen diese Geschichten. Wir hatten es auch schwer. 30

Dann stand sie auf und sagte zu ihrem ältesten Sohn: Mach ihm hier in der Küche das Bett.

Der Mann protestierte. Aber wieso denn, ich schlafe bei dir.

Die Frau erwiderte nichts und verließ die Küche. Der älteste Sohn stand auf und schob den Küchentisch zur Seite. Sie schlafen hier, 35 sagte er, meine Mutter will es so.

Am nächsten Tag ging der Mann zur Polizei, um sich anzumelden und die Lebensmittelkarten zu beantragen. Er versuchte, Arbeit zu bekommen und wandte sich deswegen an die zuständige Behörde. Doch in seinem erlernten Beruf, vor dem Krieg war er Polsterer gewesen, konnte er als Krüppel nicht mehr arbeiten, und die ihm angebotenen Stellen lehnte er ab, da ihm der Lohn zu gering er-

5 schien.

Er sagte seiner Familie, dass es einige Tage dauern werde, bis er etwas Geeignetes für sich gefunden haben würde. Er bat seine Frau, ihm Geld zu geben.

Die Frau blickte zu ihrem ältesten Sohn. Dieser schüttelte kurz

10 den Kopf.

Tut mir leid, sagte sie dann.

Ich bin euer Vater, fuhr der Mann auf und schlug mit der Faust auf den Tisch, ich bin hier der Herr im Haus.

Das sind Sie nicht, sagte sein ältester Sohn, ohne von seinem Teller

15 aufzusehen.

Du machst mir fünf Kinder, sagte die Frau und dann verschwindest du einfach.

Ich war in Gefangenschaft, schrie ihr Mann sie an.

Wo du warst, ist mir gleichgültig, sagte sie, entscheidend für mich

20 ist, dass du nicht hier warst. Ich konnte allein die fünf Kinder durchbringen. Und seit zwei, drei Jahren, seit die beiden Großen mitverdienen, geht es uns etwas besser. Und da kommst du plötzlich hier an!

Aber ihr seid doch meine Familie, sagte der Krüppel, du bist meine

25 Frau, hier bin ich zu Hause.

Keiner antwortete ihm. Alle sahen nur zu dem ältesten Sohn, der wieder schweigend den Kopf schüttelte.

Eine Woche später hatte Eisele eine Arbeit in einer Chemiefabrik in Westberlin angenommen. Er bediente dort einen Hallenkran

30 und fuhr werktäglich mit der Stadtbahn über die Sektorengrenze.

Mitte November forderte ihn seine Frau auf, sich ein Zimmer zu suchen und ihre Wohnung zu verlassen. Eisele weigerte sich, aber er konnte es nicht ändern, dass er von ihr und seinen Kindern weiter als ein fremder und unerwünschter Mitbewohner der klei-

35 nen Wohnung betrachtet wurde. Die jüngeren Kinder wurden von ihren älteren Geschwistern erzogen und ließen sich nichts von ihrem Vater sagen. Die beiden ältesten Söhne wechselten kein Wort mit ihm und duldeten nicht, dass er auch nur die geringste

Entscheidung in den Angelegenheiten der Familie traf. Wenn er betrunken nach Hause kam und versuchte, in die Schlafkammer seiner Frau einzudringen, wurde er von seinem Ältesten daran gehindert. Der Sohn, der als Maurergeselle arbeitete, zog seinen Vater an den Haaren aus der Kammer der Mutter, ohrfeigte ihn und stieß den Krüppel dann so kräftig auf seinen Schlafplatz in der Küche, dass dieser sich nicht mehr erheben konnte.

In Januar des folgenden Jahres, drei Monate nachdem Eisele wieder bei seiner Familie aufgetaucht war, wurde er, als er von der Arbeit nach Hause zurückkkehrte, ins Wohnzimmer gerufen. Die ganze Familie, seine Frau, seine vier Söhne und seine Tochter, saß um den Tisch, auf dem verschiedene Papiere, Sprengstoff, Munition und eine Pistole lagen. Eisele erkannte in den ausgebreiteten Gegenständen sofort sein Eigentum und fragte überlaut, wer es gewagt habe, in seinen Sachen zu wühlen.

Sein ältester Sohn unterbrach ihn. Halten Sie den Mund, packen Sie das hier ein und verschwinden Sie. Oder ich bringe das, und dabei zeigte er auf die auf dem Tisch liegende Waffe, zur Polizei.

Der Mann und seine Familienangehörigen starrten einander schweigend an.

Und was sagst du? fragte Eisele schließlich seine Frau.

Aber statt ihrer antwortete der älteste Sohn: Sie sind in einer halben Stunde verschwunden und lassen sich hier nie wieder blicken.

Dann griff er nach der Pistole, öffnete den Verschluss und entnahm die Munition.

Und nehmen Sie diesen Scheißdreck mit, sagte er und warf seinem Vater die Pistole vor die Füße.

Eisele hob die Pistole auf und verstaute sie in der Hosentasche. Mit der ihm verbliebenen Hand bündelte er die auf dem Tisch liegenden Papiere und die Munition und verließ damit das Zimmer. Zwanzig Minuten später hörte die noch immer im Wohnzimmer versammelte Familie die Wohnungstür ins Schloss fallen.

Eisele und seine Familie sahen sich nie wieder.

(1994)

Jenny Erpenbeck
Sibirien

Mein Vater sagt, an den Haaren habe seine Mutter damals ihre
Widersacherin aus dem Haus geschleift. Habe sie an den schwarzen Haaren gepackt, im Flur ein- oder zweimal herumgeschleudert
und dann aus dem Haus geworfen. Keine Chance hätte sein Vater,
5 mein Großvater, damals gehabt. Und es sei auch die Freundin des
Vaters nicht halb so beeindruckend gewesen wie die Frau, mit der
sein Vater verheiratet war. Großartig, sagt mein Vater, sei seine
Mutter gewesen. Das müsse ich mir einmal vorstellen, sagt er, dass
sie Sibirien überlebt habe. Sibirien! Dass sie all das überlebt habe,
10 woran die meisten gestorben seien: vier Wochen im Waggon,
Wasser aus Pfützen trinken, schlafen auf Toten, dreizehn Verge-
waltigungen, die Kälte, die Arbeit und kaum zu essen, zweimal
Typhus, in einen verfaulten Hering habe sie beißen müssen, das
Salz das einzige Mittel gegen das Sterben, und dann zurück nach
15 Deutschland, eingeschleust in einen Krankentransport, kahlge-
schoren und grindig heimwärts, statt einer, die schon gestorben
war. Ganz klar, sagt mein Vater, dass es für jemanden wie seine
Mutter gar keine Diskussion geben konnte über die Frau, die sie
an ihrem Platz vorfand, als sie heimkam. An den Haaren habe sie
20 die Freundin des Vaters gepackt, du Ungeziefer, du Laus habe sie
gerufen, hast dich hier eingenistet und dann sie herumgewirbelt
an den Haaren, zweimal herumgewirbelt durch den Flur, so dass
die andere gegen die Wand stieß und der Jesus, der an der Wand
angebracht war, hinterher schief hing.
25 Und nach all dem, sagt mein Vater, nach all dem: Nicht ein schlechtes Wort gegen die Russen. Das müsse ich mir einmal vorstellen.
Kein einziges Wort gegen die Russen. Die Gefangenen hätten zu
essen bekommen, wenig, und Suppe nur, dünne Suppe, aber zu
essen, habe sie immer gesagt – die Familien der Sieger jedoch hat-
30 ten in ihrem eigenen Land gar nichts zu essen. Die Kinder ihrer
Bewacher seien gestorben, sie aber hatte überlebt, seien die Worte
seiner Mutter gewesen, sagt mein Vater.
Was das für ein Auftritt war, könne ich mir nicht vorstellen. Kahl-
köpfig auf einem Tankwagen sei sie dahergeritten gekommen,
35 wie eine aus dem wilden Heer, aus der Nacht herübergeprescht

gen Mittag – seine Mutter: rittlings auf einem Milchtank, ein Bein
rechts, ein Bein links, hoch oben, und das Gesicht zerschrammt
von den Ästen der Brandenburger Alleen. In sein Leben sei sie hi-
neingerutscht von diesem Milchtank herunter, und er habe sie in
dem Moment noch gar nicht erkannt, sagt mein Vater, er habe gar   5
nicht gewusst, dass ihm überhaupt eine fehlt, eine Mutter, weil
er drei Jahre ohne ausgekommen war. Aber beeindruckt sei er gewesen, habe im Hof dagestanden und sei beeindruckt gewesen.
Eine Erscheinung, sagt er. Meine Mutter – eine Erscheinung. Seinen Namen habe sie gerufen, habe den Namen noch gewusst, und   10
gewusst, dass er es war, sei vom Tank auf die Erde gerutscht, mit
beiden Füßen auf die Erde, habe sich vor ihn hingehockt in den
Sand und seinen Namen gesagt und wieder gesagt. Aber er habe
die Frau nicht erkannt, habe nicht gewusst, dass das seine Mutter
war, habe vergessen gehabt, was überhaupt eine Mutter ist. Des-   15
halb sei er stumm geblieben, doch sie habe ihn umarmt, habe ihn
mit ihren gewaltigen Armen eingeschlossen und nach Vanille gerochen, obwohl sie ganz schmutzig war, nach Vanille. Dann sei sie
aufgestanden und schnell über die kleine Treppe hinaufgelaufen,
geradenwegs in das Haus, in den Flur und vom Flur auf die Schwel-   20
le zur Küche. In der Küche saßen die beiden. Nichts Besonderes,
sagt mein Vater, sie haben gegessen, es war ja Mittag.
Obwohl sie so viel durchgemacht hatte, sei seine Mutter mit großer
Kraft heimgekehrt. Sie habe die Kraft wahrscheinlich gebraucht,
um sich vom Krieg abzustoßen. Vielleicht war, dass es weiterging,   25
genau das Problem, dass sie wusste, was hätte verloren sein können, und es war aber nicht verloren, sondern war noch da. Inzwischen glaube ich, sagt mein Vater, dass die Kraft nur der Größe
ihrer Anstrengung entsprochen hat. Ja, sagt er, es müsse für seine
Mutter eine Anstrengung gewesen sein, das Leben zu schätzen,   30
nur weil sie es hatte behalten dürfen, und wieder da anzufangen,
wo sie aufgehört hatte, als sei sie noch diejenige, die drei Jahre
zuvor nach Sibirien geschafft worden sei. Es muss eine Anstrengung gewesen sein, zu versuchen, wieder die Frau zu werden, die
sie drei Jahre zuvor gewesen war. Deshalb wahrscheinlich sei sie   35
mit solcher Gewalt aufgetreten, weil sie selber nicht wusste, ob
es noch möglich sei, den Erdrutsch aufzufangen, der ihr Leben
verrückt hatte.

Wild sei seine Mutter gewesen, bei Gott, eine Wilde. Nie werde ich das vergessen, sagte er, wie sie die andere erst ohne ein Wort bei den Schultern gepackt und geschüttelt und nur den Blick in sie hineingebohrt hat, weil ihre Wut sich derart hinter den Zähnen staute, dass kein einzelnes Wort herausfahren konnte. Und wie dann die Worte plötzlich herausgesprungen sind und sie die Frau geohrfeigt und dabei gerufen hat: Du Hure, du feige Hure, was machst du in meinem Haus, und die Frau bei den Haaren gepackt und aus der Küche bis in den Flur gezogen und herumgewirbelt hat, sie als Ungeziefer , als Laus tituliert und schließlich zur Tür hinaus und die Treppe hinuntergeworfen. Die kleine Treppe, sagt mein Vater, an der jetzt das Gelände so verrostet ist, dass es bald abfallen wird. An dem Geländer habe sich die Frau damals festzuhalten versucht, sagt er, das sei ihr jedoch nicht geglückt, weil seine Mutter ihr einen solchen Schwung mit auf den Weg gegeben hatte. Das sei ein Gegensatz gewesen, sagt mein Vater, einerseits diese Stimme, diese großartige Stimme seiner Mutter und andererseits nur Geräusche. Kein Wort hat die sich zu sagen getraut, sagt mein Vater, kein Wort.

Unscheinbar sei sie gewesen, die Freundin seines Vaters, keine Schönheit, und gesprochen hätte sie nie viel, nicht einmal in der Zeit, als sie bei ihnen wohnte, bevor die Mutter aus Sibirien zurückkam. Hätte sich nicht getraut, mit ihm, dem Sohn, zu reden, hätte gekocht und aufgeräumt, aber nichts gesagt. Deine Schattenmorelle, habe seine Mutter sie im nachhinein seinem Vater gegenüber immer genannt, aber sein Vater habe, wenn sie das sagte, geschwiegen. Schön war meine Mutter immer, sagt mein Vater. Das kannst du auf den Fotos sehen. Vor der Gefangenschaft sei ihr Gesicht rund und glänzend gewesen wie ein Apfel, blank irgendwie, viel gesundes Fleisch hinter der Haut und alles fest. In der Gefangenschaft aber sei sie so durchscheinend geworden, wie man es auf den späteren Fotos sieht, und das gefiele ihm, wenn er jetzt die Fotos vergleiche, noch besser. Das Innere sei mehr zum Vorschein gekommen, das Fleisch hinter der Haut sei weniger geworden, aber das Innere mehr. Wenn du dir vorstellen kannst, was ich meine. Sie sah aus, sagt mein Vater, als ob alles, was sie erlebt hat, ihre Haut dünner gemacht hätte, ihre Oberfläche abgewetzt und das, was dahinter war, zum Vorschein gebracht. Er erinnere sich noch gut daran, wie er sich als Kind, wenn sie ihm Geschichten erzählte, immer vorstellte, er könne durch ihre Haut hindurch all das sehen, was sie erlebt hat. Sibirien sei ein schönes Land, habe sie zum Beispiel wieder und wieder gesagt, und dann habe er Sibirien durch sie hindurch deutlich sehen können: kalt, weit und großartig. Wald, der sich hinter den Wangen der Mutter auftat und kein Ende hatte, menschenlose riesige Wildnis, viel Wasser. Im Frühling habe es immer sehr lange gedauert, bis der Boden aufgetaut sei, aber gute Erde sei es gewesen, fruchtbarer Boden, habe sie immer wieder gesagt und viel Platz dort, alles weit. Wenn sie nicht hätte zurückmüssen zu ihrer Familie, wäre sie gern dort geblieben, habe sie manchmal gesagt.

Wenn sie nicht zu uns zurückgekommen wäre, dann wäre sie gar nicht zurückgekommen, sagt mein Vater. Wir sind ihr Ziel gewesen, und deshalb war klar, dass sie, als sie am Ziel war, ankommen musste. Körperlich sei sie viel schwächer gewesen als die Freundin des Vaters, aber es habe eben für sie keine andere Möglichkeit gegeben, als ihr Leben wieder in Besitz zu nehmen. Das glaubt man nicht, sagt mein Vater, wenn man es nicht mit eigenen Augen gesehen hat, wie viel Kraft ein Mensch aufbringt, nur um das, was war, wieder in die Gegenwart zu ziehen. Geohrfeigt habe sie die andere in der Küche, als könne sie so die Vergangenheit, die ihr abgesoffen war, wiederbeleben. Mit ein paar kräftigen Ohrfeigen wachmachen und zum Leben zurückbringen. Das sei etwas gewesen, das er nie mehr hätte vergessen können, sagt mein Vater: wie einfach und klar seine Mutter reagiert hat. Einfach den Leib der anderen mit ihrem hinauszuschieben, das eine Fleisch einfach durch das andere zu ersetzen, einfach an die Stelle, an der sie deren Körper vorfand, ihren Körper zu stellen. Im nachhinein habe er noch oft daran denken müssen, wie sie, als die andere weg war, das Essen, das die für seinen Vater zubereitet hatte, vom Tisch genommen und in den Abfall gekippt hat. Zwiebeln habe sie genommen und Kartoffeln und Fett und neu angefangen zu kochen. Sein Vater habe geschwiegen.

Er habe, nachdem seine Frau aus Sibirien heimgekehrt war, kaum noch Möglichkeiten gehabt, seine Freundin zu sehen und habe begonnen, ihr Briefe zu schreiben. Ich bin ihm nachgegangen, sagt mein Vater, ich habe gesehen, wie er die Briefe im Mauer-

schlitz eines Hauses versteckte, wo die sie später herausfischte. Seine Schattenmorelle, sagt mein Vater. Briefe aus dem Schatten zu fischen, das habe zu ihr gepasst. Damit habe die sich zufriedengegeben, sagt er. Nicht das Format, das seine Mutter hatte. Feige
5 sei die gewesen, kein einziges Mal mehr habe die sich zum Haus hingetraut. Ohne zu kämpfen, habe die den Kampf aufgegeben. Sein Vater habe schon gewusst, warum er die Briefe in Kurzschrift verfasste, denn wären sie lesbar gewesen, hätte er, der Sohn, sie sicher gelesen und seiner Mutter gesagt, was drin stand. Bis heute
10 wisse er nicht und könne sich auch nicht vorstellen, was sein Vater ausgerechnet dieser Frau so dringend zu schreiben hatte, die nicht einmal willens war, um ihn zu kämpfen. Einmal die Treppe hinuntergeworfen und schon aufgegeben. Einige Dinge ließen sich nun einmal nicht anders auskämpfen als mit dem Körper, dazu gehöre
15 an erster Stelle die Liebe, das habe er von seine Mutter gelernt. Er glaube, dass sein Vater im Grunde damals schon eingesehen habe, dass seine eigene Frau viel beeindruckender war als diese Freundin. Sonst hätte er doch etwas unternommen, sagt mein Vater. Im Grunde sei sein Vater froh gewesen, dass die Mutter heimgekehrt
20 war. Selbst mit dem einen Bein wäre es doch sonst ein leichtes für ihn gewesen, Partei für seine Freundin zu ergreifen, etwas zu unternehmen. Oder. Selbst mit dem einen Bein sei er ja noch immer stärker gewesen als seine Frau. Aber er habe nicht kämpfen wollen, das war es, sagt mein Vater. Weil er fand, dass es sich nicht lohne.
25 Deshalb. Nur in dem einen trüben Punkt seien die beiden sich einig gewesen, in ihrer Feigheit. Ein Rätsel sei es ihm, dem Sohn, schon damals gewesen, was sein Vater in die Briefe hineinschrieb und sei es ihm bis auf den heutigen Tag. Bis heute könne er sich nicht vorstellen, was es denn war, das sein Vater mit der Mutter
30 nicht hätte besprechen können. Er selbst nämlich habe sehr gern seine Mutter um Rat gefragt. Lebenserfahrung, sagt er, hätte seine Mutter gehabt wie sonst niemand. Ist ja klar, sagt er, nach all der Zeit.
Sein Vater hätte damals nie mit ihm gesprochen, aber seit einiger
35 Zeit käme er, als wenn nichts wäre, zum Traum hereinspaziert. Erst letzte Nacht, sagt er, habe sein Vater ihn bei der Hand genommen und sei mit ihm in einem Boot auf einen See hinausgefahren. Aber der See sei, während der Vater ruderte, immer größer geworden,

bis das Ufer nicht mehr zu sehen war, so groß wie ein Meer. Und dort, mitten auf dem Meer, habe der Vater versucht, mit ihm zu sprechen. Er, der Sohn, habe jedoch nichts hören können, weil ein starker Wind dem Vater alle Worte vom Mund riss und über das Wasser hinweg in alle Himmelsrichtungen spuckte. Er habe gesehen, wie die Worte des Vaters durch fremde Fenster hinein- und zu fremden Türen hinausfuhren, Staub über Straßen jagten und Bäume bis aufs Gerippe entblößten, wie sie geatmet wurden und blähten, sich auf den Zungen des Wassers ausruhten und wieder davonflogen, eine Fahrt ohne Ende. Irgendwann habe der Vater geschwiegen, da sei das Wehen zur Ruhe gekommen, und das Wasser habe nur noch leise ans Boot geschlagen, und schließlich sei ganz und gar Stille eingetreten, eine Stille, weiß wie ein Blatt Papier, und auf diesem Blatt Papier könne er noch jetzt den Satz lesen, den sein Vater in die geträumte Stille hinein sagte: Die Wahrheit, habe der Vater gesagt, sei aus einem anderen Stoff als ein Schweinebraten. In dem Augenblick habe er, der Sohn, bemerkt, dass das Boot im Wasser festgefroren war, und sein Vater und er mussten aussteigen und zu Fuß über das Eis nach Hause zurückgehen. Seit heute morgen nun würde er die Vorstellung nicht mehr los, dass die Wahrheit ein Wind sei, der auf irgendeinem Meer bis in alle Ewigkeit dieses Boot schaukelt, das sich, als es wieder wärmer wurde, gelöst hat und davongetrieben ist. Unwirtlich seien seine Träume geworden, seit ihn sein Vater im Schlaf besucht, sagt mein Vater.

Meine Mutter war klug, sagt mein Vater. Sibirien sei ein schönes Land, habe sie oft gesagt, und so sei bis auf den heutigen Tag in seinen Augen Sibirien ein schönes Land. Es sei fruchtbar, guter Boden für Weizen, so gut, dass man nicht einmal düngen müsste. Zweimal im Jahr könne man ernten, dort in Sibirien, wenn man nicht faul sei. Der Boden gäbe es her. Seine Mutter, sagt mein Vater, habe die Augen auf die Schönheit gerichtet, und das sei eine Fähigkeit, um die er sie beneide. Es habe sie einfach nicht interessiert, ob der Vater die Verbindung zu seiner Geliebten weiter aufrechterhielt. Nachdem sie die Geliebte aus der Küche herausgezogen, aus ihrem Haus gestoßen und die Treppe hinuntergeworfen hatte, war das einfach nicht mehr interessant für sie. Wie ein gestohlenes Kleid habe sie der anderen ihren Anspruch vom Leib gerissen, habe ihr die Wünsche wie eine Haut über den Kopf gezogen und ihr dann

einen Tritt versetzt – aber damit, sagt mein Vater, war es für sie auch erledigt. Sie sei nicht im mindesten nachtragend gewesen, sagt mein Vater, und habe es auch gar nicht nötig gehabt. Alles, was recht oder unrecht war, habe sie nun einmal scharf angeleuch-
5 tet, das sei ihre Natur gewesen, es sei einfach ein gleißendes Licht von ihrem Verstand ausgegangen – und dadurch habe sie, ohne dass sie noch hätte einen Gedanken daran verschwenden müssen, andererseits eben harte Schatten geworfen. Seine Mutter sei klug gewesen, sagt mein Vater. Sie habe sicher gewusst, dass alles, was
10 einmal in diesen Schatten fiel, blind blieb.

Er, der Sohn, habe damals nicht anders können, als seinen Vater zu beobachten. Ihm sei dieser nach der Wiederkehr der Mutter vorgekommen wie einer, auf den man geschossen hat, der aber nicht tot umfällt. Der Vergleich sei nicht gut, sagt mein Vater, denn im
15 Grunde sei es genau umgekehrt gewesen: Seine Mutter sei mit einem ungeheuren Willen zum Leben aus ihrer Gefangenschaft zurückgekommen, der Vater aber habe dem leben nichts mehr abgewinnen können. Nachdem sein Bein weg und er vom Krieg beurlaubt war, habe er ohnedies nur noch wenig gesprochen, nach
20 der Rückkehr seiner Frau aber sei er praktisch verstummt. Wie ein Geist sei sein Vater ihm zu der Zeit erschienen, wie einer, in den man hineingreifen kann wie in Luft. Ohne auf Fleisch zu stoßen, ohne auf irgend etwas zu stoßen, das einem Widerstand entgegensetzt. Unheimlich sei das gewesen, sagt mein Vater. Er erinnere
25 sich noch gut daran, wie er geradezu davon besessen gewesen sei, seinen Vater zu beobachten, um das herauszufinden, von dem er damals nicht wusste und bis auf den heutigen Tag nicht weiß, was es war. Eine wahre Beobachtungswut sei über ihn gekommen. Wut, sagt er, sei wahrscheinlich für das, was damals seine Haupt-
30 beschäftigung war, das richtige Wort. Verschwendung habe man durch den Krieg hassen gelernt. Und es sei Verschwendung gewesen, sagt er, dass seine Mutter zu diesem Mann zurückkam – aus Sibirien – zu diesem Mann. Alles, was ihm an seiner Mutter so gefiel, sei vom Vater geschluckt worden, der ganze Vater sei ihm
35 vorgekommen wie ein einziges, tiefes, schweigsames Loch, eine Müllgrube. Das habe ihn, den Sohn, damals wütend gemacht: zu sehen, wie dieser Mann alles, was seine Frau ihm schenkte, durch sein Schweigen in Müll verwandelte.

Oft habe er den Vater beobachtet, wie er im Schuppen saß, ganz still saß er da zwischen dem Brennholz, hielt einen Brief in der Hand und las. Geantwortet habe sie ihm ja auf seine Briefe, die Schattenmorelle, sagt mein Vater. Aber sonst nichts. Gekämpft nicht. Nur geschrieben. Ganz still habe der Vater dagesessen, die 5 Antwort gelesen und dabei getrunken. Die Schnapsflasche zwischen die Scheite geklemmt und ein Gläschen neben sich auf dem Hackklotz. Das kleine mit dem hellblauen Streifen. Bis zu dem Streifen habe er sich immer eingeschenkt, nie darüber, und immer getrunken, während er las, aber keines der Gläschen war voller 10 als bis zu dem hellblauen Streifen. Letztendlich, sagt mein Vater, sei diese Freundin schuld daran, dass mein Vater so früh sterben musste. Da in dem Holzschuppen, beim Lesen ihrer Briefe, habe er angefangen zu saufen, zwar immer nur gläschenweise zu saufen, aber zu saufen. Es war nicht das Bein, sagt mein Vater. Wenn man 15 so eine Frau hat wie meine Mutter, sagt er, braucht man sich keine Sorgen darüber zu machen, dass man auf einem Bein durch die Welt geht. Nein, das Bein war es nicht, sagt mein Vater. Es waren diese verflixten Briefe.

Dann sei es schlimm geworden, sagt er. Sein Vater sei eines Abends 20 so betrunken gewesen, dass er in den Spiegel hineinfiel, in den großen Spiegel, der damals im Flur hing, gegenüber von Jesus. Das Gesicht und den Arm habe er sich dabei aufgeschnitten und alles sei voller Blut gewesen. Die Mutter und er hätten den Vater auf einen Schlitten gelegt und ihn so die ganze Nacht hindurch hinter 25 sich hergezogen, bis in die Stadt, wo das Krankenhaus war. Seine Mutter habe immer getan, was notwendig war, aber über all das kein Wort verloren. Eine starke Frau war sie, sagt er. Meine Mutter, sagt er, hat gut gerochen, selbst wenn sie schmutzig war, ich konnte sie anfassen, und wenn sie wütend war, hat sie geschrien. 30 Eine leidenschaftliche Frau, sagt er, während sein Vater allem, was schwer war, immer nur aus dem Weg gegangen sei. Nach dem Krieg jedenfalls. Wie der Vater vor dem Krieg gewesen sei, daran habe er keine Erinnerung. Er wolle ihm nicht unrecht tun, aber nach dem Krieg jedenfalls sei sein Vater nur noch müde gewesen und nichts 35 mehr sonst. Im Grunde hätte ihm damals nichts Besseres passieren können, als dass seine Frau zurückkam und die Erziehung des Sohnes wieder übernahm. Nicht einmal dazu sei sein Vater in der

Lage gewesen: sein eigenes Kind zu bändigen, ihn, meinen Vater,
der damals noch klein war. Er nicht, und seine Freundin schon gar
nicht. Eines Tages zum Beispiel habe mein Vater, um seinen kind-
lichen Willen durchzusetzen, laut schreiend ein Glas zerschlagen,
habe die Splitter in die Hand genommen und damit gedroht, sie
zu schlucken. Sein Vater aber habe nur kurz zu ihm aufgesehen
und nur einen einzigen Satz gesagt, und nach dem Satz weiter
an einem Wasserrohr herumgeschraubt. Der Krieg ist aus, habe er
gesagt, und dann in aller Ruhe weitergearbeitet, habe sein Kind
mit den Splittern in der Hand neben sich stehen lassen, und sich
nicht weiter darum gekümmert, was passiert. Von ganz anderem
Format sei die Mutter gewesen. In diesem ersten Moment, als er
sah, wie diese Frau die Freundin des Vaters packte, wie sie das, was
ihr nicht passte, beim Schopf nahm, von Wand zu Wand wirbelte
und hinausstieß, in dem Moment habe er wiedererkannt, wie er
selbst war, sagt mein Vater. Ohne zu wissen, dass diese Frau seine
Mutter war, ohne überhaupt zu wissen, was eine Mutter ist, habe er
sie dennoch wiedererkannt. Sie hat mir in den Knochen gesteckt,
meine Mutter, sagt er.
Seine Mutter habe ja auch einiges durchgemacht im Krieg, aber sie
habe das Leben geliebt, habe es vielleicht durch den Krieg mehr
geliebt als zuvor. Durch die vielen Toten, die sie gesehen hatte, sei
sie dem Leben verfallen. Von seinem Vater aber glaubte er inzwischen, dass er zu denen gehört haben muss, die durch den Krieg
auf die Seite des Sterbens hinübergewechselt sind, obgleich sie den
Krieg überlebten. Er sei, als er aus dem Krieg zurückkam, wie vom
Tod befallen gewesen, so, als umschließe seine Haut nicht wie bei
anderen das, was lebendig ist, sondern helfe ihm im Gegenteil,
sich vom Lebendigen abzugrenzen. Er erinnere sich noch, wie der
Vater immer die Hand wegzog, wenn die Mutter ihn anfassen wollte. Der Vater sei überhaupt nur noch auf dem Rückzug gewesen,
als wäre das seine Krankheit. Bis zum letzten Atemzug habe er der
Mutter die Hand weggezogen.
Die Frau habe von dem Tage, als er bettlägerig wurde, auf der anderen Straßenseite gestanden. Sie habe offenbar gewusst, dass sein
Vater im Sterben lag, sei aber niemals näher gekommen. Er erinnere sich daran, wie er, noch ein Kind zu der Zeit, sie durch die Gar-
dinen des Krankenzimmers hindurch beobachtete. In einem bunt

bedruckten Kleid stand sie da und sah zu unserem Haus herüber. Sein Vater sei zu dieser Zeit schon nicht mehr ganz klar gewesen. Er sei mit dem Finger über die Bettdecke gefahren, als suche er einen Punkt auf einer Landkarte, und habe immer gesagt, dahin wolle er noch einmal fahren. Die Stimme des Vaters im Rücken und die Frau mit dem bedruckten Kleid vor Augen, habe sich beides in ihm, dem Sohn, zu der Vorstellung verbunden, dass die Krankheit seines Vaters eine Reise sei, zu der die Frau, die draußen stand, die Landkarte auf dem Kleid trug. Rückzug sei dafür womöglich gar nicht das richtige Wort, sagt mein Vater.

Mein Vater und ich sitzen im Flur, unter dem Jesus, und alles, was in den Schränken war, liegt rings um uns auf dem Boden verstreut. Wir sitzen inmitten von Kleidern und Wäsche, Schachteln und Mappen, Büchern, Blumenvasen und altem Geschirr. Wir blättern und öffnen, legen beiseite, nehmen, falten auseinander und legen beiseite, zeigen, zerknüllen, zerreißen und legen beiseite. Alles ist staubig. Die Gummibänder, mit denen meine Großmutter ihre Fotos zusammengebündelt hat, sind so trocken, dass sie brechen, wenn wir die Bilder zur Hand nehmen. Kartons sind unter ihrem eigenen Gewicht zerdrückt, den Kästchen fehlen die Schlüssel, Mäntel sind von Motten zerfressen, Koffer stinken, wenn wir sie aufmachen, die Bettwäsche ist gebügelt. Komisch, sagt mein Vater, dass seine Mutter den Haushalt so weitergeführt habe, wie zu Lebzeiten seines Vaters. Sein Leben in ihrs eingefroren. Und jetzt fault alles auf einmal, sagt er.

Blättern und öffnen. Legen beiseite, nehmen, falten auseinander, legen beiseite, zeigen, zerknüllen, zerreißen, legen beiseite.

Ich habe Angst, sagt mein Vater, dass ich die Briefe finde.

(2003)

Christoph Hein
Unverhofftes Wiedersehen

Am Freitag, dem 2. Dezember 1960, klingelte es um neun Uhr
abends bei der Witwe Kürmann im Sandschurrepfad in Berlin-Kö-
penick. Die alte Dame erkundigte sich bei geschlossener Tür nach
dem Namen des nächtlichen Besuchers, bevor sie die drei Schlös-
5 ser entriegelte und die Sicherheitskette abnahm.
Vor der Tür standen Thomas Nomann und sein Vater.
Als Frau Kürmann die beiden erkannte, nickte sie ihnen zu und
sagte: Der Michel ist in seinem Zimmer. Gehen Sie nur rein.
Sie ließ die beiden Männer in ihre Wohnung ein, verschloss da-
10 nach sorgsam alle drei Türschlösser und legte wieder die Kette
vor.
Thomas Nomann lief den breiten Flur entlang und klopfte dann
an einer der dunkelbraunen Türen an. Er öffnete sie und trat mit
seinem Vater in das Zimmer.
15 Michael Kapell saß an seinem Schreibtisch. Als er den Freund eintreten sah, atmete er erleichtert auf und erhob sich.
Hatten Sie Besuch erwartet? fragte der Vater von Thomas.
Michael Kapell lächelte verlegen und nickte.
Aber uns haben Sie nicht erwartet?
20 Der junge Mann kicherte nervös und blieb ihm die Antwort schuldig.
Ich glaube, Sie sollten sich mit Thomas unterhalten. Ich warte so
lange draußen auf dem Flur.
Ohne eine Erwiderung abzuwarten, ging der ältere Nomann hi-
25 naus und ließ die beiden jungen Leute allein.
Michael Kapell und Thomas Nomann waren Studenten der Hum-
boldt-Universität. Sie studierten im vierten Semester Pädagogik,
Englisch und Deutsch und beabsichtigten beide, nach dem Studium als Lehrer zu arbeiten.
30 An jenem Freitag war ihre Seminargruppe am Nachmittag zu einer
außerordentlichen Versammlung des Jugendverbandes zusam-
mengerufen worden. Ihr Betreuer, Dr. Edwin Schulze, Dozent für
politische Ökonomie, hatte eine Stunde lang über den sich ver-
schärfenden Klassenkampf gesprochen, über die Notwendigkeit,
35 die wenige Jahre zuvor gegründete Nationale Volksarmee zu stär-

ken und die junge Republik notfalls auch mit der Waffe in der Hand zu verteidigen. Zum Ende seines Vortrags erkundete er die Bereitschaft der männlichen Studenten, nach dem Abschluss des Studiums für zwei Jahre in den bewaffneten Organen des Staates zu dienen. Als Soldaten der Friedensarmee könnten sie nicht ⁵ nur den gefährdeten Staat schützen, der, an der Grenze der beiden Weltsysteme liegend, ständig bedroht sei, sondern auch der Arbeiterklasse gegenüber ihrem Dank für das kostenlose Studium Ausdruck geben. Dr. Edwin Schulze verteilte anschließend hektographierte Blätter, auf denen die Unterzeichner sich zu einem ¹⁰ zweijährigen Dienst in der Freiwilligen-Armee – eine allgemeine Wehrpflicht wurde erst nach dem Bau der Berliner Mauer eingeführt – bereit erklärten und die von den Studenten nur noch zu unterschreiben waren.

Fast alle Studenten hatten schweigend den Auslassungen von Dr. ¹⁵ Schulze zugehört und unterschrieben bereitwillig das vorgehaltene Papier, teils weil sie von der Notwendigkeit des militärischen Schutzes und des eigenen Engagements im Heer überzeugt waren, teils weil sie befürchteten, durch Widerspruch und ein Verweigern der Unterschrift ihr Studium zu gefährden und darauf hofften, ²⁰ nach dem Erhalt des Diploms der misslichen Verpflichtung entgehen zu können.

Nur zwei der Studenten wagten es, sich dem Dozenten zu widersetzen und ihre Unterschrift zu verweigern. Michael Kapell und Thomas Nomann gaben zu bedenken, dass sie nach ihrem Studi- ²⁵ um als Soldaten – so wichtig der bewaffnete Schutz zweifellos sei – überqualifiziert wären und der Republik besser in ihrem diplomierten Beruf dienen könnten.

Dr. Schulze ließ jeden der beiden Studenten aussprechen. Dann hob er seine rechte Hand. In seinen Augen leuchtete das Feuer des ³⁰ Glaubens, und sekundenlang wies er schweigend auf die beiden Studenten, die ihm widersprochen hatten. Im Seminarraum war es so still geworden, dass man das leise Knacken der Heizungsrohre vernahm.

Seht sie euch an, sagte Dr. Schulze schließlich. Er sprach sehr leise, ³⁵ wurde aber mit jedem Satz lauter und lauter. Seht euch eure Jugendfreunde Nomann und Kapell an. Sie wollen nicht das Ehrentuch unserer Nationalen Volksarmee tragen. Seht sie euch an. Seht sie euch sehr genau an. Sie tragen bereits eine Uniform. Sie tragen die Uniform des Klassengegners.

Dr. Schulze hielt den ausgestreckten Arm noch für einen Moment in der Luft, bedrohlich auf die beiden Studenten gerichtet. Dann ließ er ihn endlich sinken und ging durch die Bankreihen, um die unterschriebenen Verpflichtungserklärungen einzusammeln. Keiner der Studenten sagte ein Wort oder rührte sich. Vor Michael Kapell und Thomas Nomann blieb Dr. Schulze stehen. Seine Augen strahlten nach wie vor und er wirkte noch immer wie beseelt. Endlich schüttelte er bedeutungsschwer den Kopf, ging an sein Pult zurück, steckte die Papiere in seine Aktentasche, verabschiedete sich mit einer kurzen Geste und stolzierte aus dem Raum. Es vergingen einige Sekunden, bevor die Studenten sich zögernd erhoben und gleichfalls das Zimmer verließen. Sie schwiegen und alle vermieden, ihre Kommilitonen Kapell und Nomann anzusehen.

Gehst du morgen früh in die Vorlesung? fragte Thomas leise, nachdem sein Vater das Zimmer verlassen hatte.

Michael zuckte mit den Schultern und blickte seinen Freund hilflos an.

Ich weiß nicht, sagte er schließlich, ich weiß es einfach nicht. Ich habe so ein ungutes Gefühl im Magen. Was willst du denn machen?

Ich gehe, sagte Thomas, ich gehe noch diese Nacht.

Sein Freund überlegte sehr lange.

Wahrscheinlich hast du Recht. Vielleicht werden wir gleich im Hörsaal verhaftet.

Kommst du mit? fragte Thomas.

Sofort?

Ja, natürlich. Ich weiß nicht, wie viel Zeit wir noch haben.

Michael sah auf seine Hände und dachte nach. Schließlich nickte er zustimmend.

Dann pack schnell deinen Koffer. Wir fahren mit der S-Bahn. Unser Gepäck bringt mein Vater rüber. Er hat da eine todsichere Möglichkeit.

Aber ich müsste noch …

Nein, unterbrach ihn Thomas, heute keine Verabredung mehr, kein Telefonat, nichts. Das kannst du alles später erledigen, von drüben aus.

Er blieb im Raum stehen und sah zu, wie sein Freund einen Koffer mit Dokumenten, Büchern und Kleidungsstücken packte.

Sag deiner Wirtin, dass du verreist. Und sie soll besser keinem von unserem Besuch erzählen. Das ist wichtig, wegen meines Vaters, sagte Thomas. 5

Als sie das Zimmer mit dem gepackten Koffer verließen, lächelte der ältere Nomann beruhigt. Michael Kapell stellte den Koffer ab und ging zu dem Zimmer der Wirtin. Er gab ihr die Miete für den Monat Dezember, verabschiedete sich von ihr und sagte, dass er sich bald wieder melden würde. 10

Leben Sie wohl, sagte Frau Kürmann und schüttelte mehrmals vergnügt seine Hand, und seien Sie unbesorgt. Ich sehe nichts mehr, ich höre nichts mehr, ich bin schon zu alt.

Der Vater von Thomas brachte die beiden Studenten mit seinem Auto, einem Vorkriegs-Opel, zu einer Station der S-Bahn. 15

Sie stiegen in einen Zug, der aus dem Ostteil der Stadt in einen der Berliner Vororte fuhr und dabei die westlichen Sektoren kreuzte. Herr Nomann hatte ihnen eine Flasche Wein in die Hand gedrückt, die sie während der Fahrt trinken sollten, um dadurch für die kontrollierenden Grenzbeamten unverdächtig zu wirken. 20

Er begleitete sie nicht auf den Bahnsteig, sondern fuhr sofort mit seinem Wagen weiter, da er die Koffer noch in der gleichen Nacht über einen Mittelsmann expedieren wollte.

Die beiden meldeten sich zwei Stunden später in einem Westberliner Notaufnahmelager. Als Michael Kapell die Möglichkeit 25 angeboten bekam, bei Verwandten in Köln zu wohnen, trennten sich die Freunde.

Bereits im Januar konnte Kapell an der Universität dieser Stadt sein unterbrochenes Studium fortsetzen. Nach Referendariat und Staatsexamen begann er als Lehrer für Deutsch und Englisch in der 30 Nähe seines zweiten Studienortes, an einer Schule in Troisdorf, zu arbeiten. Drei Jahre später kaufte er ein kleines Reihenhaus in der Nähe des Schulgebäudes, da er sich entschieden hatte, an dieser Schule zu bleiben. Zu diesem Entschluss trug auch bei, dass er in einem Kölner Museum ein Mädchen kennen gelernt hatte, das er 35 heiraten wollte.

In seinen wenigen Mußestunden schrieb er Manuskripte zur englischen Geschichte für den Schulfunk des Senders Köln. Der zustän-

dige Redakteur schätzte seine Arbeiten und forderte ihn wiederholt auf, häufiger für den Sender zu arbeiten, was Michael Kapell ablehnen musste, denn sein Lehramt ließ ihm wenig freie Zeit.
Der Redakteur des Schulfunks wurde Ende 1979 pensioniert, und
5 der Sender hatte sich ein halbes Jahr zuvor um eine Neubesetzung dieser Position bemüht. Auch Kapell, vom ausscheidenden Schulfunkleiter ausdrücklich ermutigt, bewarb sich um diese Stelle, denn ihm schien, dass sich in dieser Position Beruf und Neigung vortrefflich vereinbaren ließen. Im Sender gab man ihm zu ver-
10 stehen, dass seine Bewerbung besonders aussichtsreich sei und so machte er sich am Morgen des 3. April auf den Weg zum Kölner Sender, um sich mit den anderen Bewerbern der kleinen Findungskommission zu stellen.
Es waren insgesamt fünf Personen, zwei Frauen und drei Männer,
15 die an diesem Tag im Vorzimmer saßen und darauf warteten, vor die Kommission gerufen zu werden. Als die Sekretärin den ersten Bewerber ins Zimmer bat, konnte Kapell einen Blick hineinwerfen. Er nahm dort einen Mann wahr, der ihm bekannt vorkam, und er grübelte lange darüber nach, wo er diesen Mann schon einmal gesehen
20 hatte. Dann stand er auf, ging ins Sekretariat und fragte eine der dort sitzenden Frauen, ob es möglich wäre, dass einer der Herren im Sitzungszimmer Edwin Schulze hieße. Die Sekretärin bejahte seine Frage. Michael Kapell erkundigte sich nochmals, ob dieser Herr Dr. Erwin Schulze sei und von drüben komme, aus dem anderen Teil
25 Deutschlands. Die Sekretärin bestätigte dies und fügte hinzu, dass Dr. Schulze vor zwei Jahren über die Grenze gekommen sei. Damals hätten ihr Sender und mehrere Zeitungen über die Flucht dieses bekannten Politikwissenschaftlers und mutigen Regimekritikers berichtet. Seitdem würde er für den Kölner Sender arbeiten.
30 Kapell bedankte sich für die Auskunft und setzte sich wieder in den Vorraum.
Als er endlich aufgerufen und ins Zimmer gebeten wurde, kam Dr. Edwin Schulze auf ihn zu, gab ihm die Hand und sagte zu ihm: Wir müssen uns unbedingt sehen, Herr Kapell. Sehr bald. Ich muss
35 wissen, wie Sie das da drüben so früh durchschauen konnten.
Daraufhin setzte er sich zu den anderen Kommissionsmitgliedern und Kapell wurde aufgefordert, seine Vorstellungen zu der künftigen Arbeit der Schulfunkredaktion zu äußern.

Vier Wochen später bekam er den schriftlichen Bescheid, dass man zum größten Bedauern des Senders seine Bewerbung nicht berücksichtigen konnte, aber unverändert Wert auf eine weitere und gute Zusammenarbeit lege. Eine Woche danach erhielt er ein Manuskript zurück, da es laut beiliegendem Vordruck nicht sendefähig sei.

Nachdem ein zweites und drittes Manuskript mit gleichen Begleitschreiben abgelehnt wurden, schickte Kapell die Texte an einen norddeutschen Sender, der sie ihm dankend abnahm und umgehend sendete.

Kapell blieb in Troisdorf wohnen. Er war unterdessen verheiratet und hatte zwei Kinder, einen Jungen und ein Mädchen, für die er den Dachboden seines Hauses ausbauen ließ. Er unterrichtete weiterhin Deutsch und Englisch an der nahe gelegenen Schule und schrieb in seiner Freizeit unermüdlich Manuskripte zur englischen Geschichte für den Schulfunk. Die Zusammenarbeit mit dem Kölner Sender stellte er ohne jede Verbitterung ein, zumal seine Arbeiten mittlerweile von jenem norddeutschen Sender hoch gelobt und gern produziert wurden.

Seinen früheren Dozenten und Seminargruppenbetreuer Dr. Erwin Schulze sah und sprach Michael Kapell nie wieder.

(1994)

95

Günter Kunert
Lorenz

Wirklich nichts Außergewöhnliches. Im Vorübergehen der Blick
in ein anderes Augenpaar – mehr nicht. Eine gleitende Sekunde,
kaum registriert, schon vergangen, wie alles unaufhaltbar vergeht.
Danach das unverhoffte Aufmerken, ein panisches Sich-Erinnern-
5 wollen: Wer war das? Wo bin ich diesen Augen schon begegnet?
Und wann?
Während die Beine verselbständigt weiterstelzen, in die ihnen
zugewiesene Richtung, überschlagen sich die Gedanken. Unwillkürlich drängt die Muskulatur den Oberkörper zu einer halben
10 Drehung, zu einer Rückwärtswendung. Anhalten. Stehenbleiben.
Und Lorenz sieht gerade noch, wie der andere, der ihm plötzlich
bekannt vorkam, hinter der nächsten Ecke verschwindet.
Soll man ihm folgen? Fragt sich Lorenz. Das war doch jemand von
früher, von drüben, wie man den östlich gelegenen, amputiert ge-
15 wesenen und noch nicht wieder recht angewachsenen Landesteil
immer noch nennt. Das hat sich eingebürgert und hört nicht auf.
Mit Geografie hat das nichts zu tun.
Lorenz ist beunruhigt. Er verspürt ganz stark die Versuchung, hinter dem anderen herzurennen, um sich Gewissheit zu verschaffen.
20 Ein Irrtum würde seinen Nerven gut tun. Hätte er jedoch recht
gehabt und käme es zu einem tatsächlichen Wiedersehen, wie
sollte er sich verhalten, was sagen, erklären, erläutern, bekennen?
Vielleicht ist die Ungewissheit tröstlicher; besser die Begegnung in
der Schwebe lassen, im Vagen, nicht dran rühren. Weitergehen,
25 Lorenz, das Büro wartet, die Arbeit, die Zeitgeschichte, wenn auch
zum Glück eine gewesene, der keine Besorgnisse, keine schmach-
vollen Spekulationen mehr entsteigen. Lorenz folgt dem Pflaster
der schmalen Gasse, buchstabiert längst nicht mehr den Namen
»Ölmühlengang« und passiert Sankt Laurentii, dessen überdimen-
30 sionaler Turm die Kleinstadt überragt. Trotz seines anderthalb-
jährigen Aufenthaltes im Ort hat er die Kirche noch nie betreten,
zu er doch zumindest durch den ihr zugeordneten Heiligen eine
oberflächliche Beziehung hat. Lorenz weiß nur, dass Laurentius
ein Märtyrer gewesen ist, auf einem Rost von Heiden gebraten,
35 weil er den Kirchenschatz nicht herausrücken wollte.

Ob der andere, wie Lorenz ein Einfall zuraunte, sich im Moment des Aneinander-Vorbeigehens verstellt hat, um ihn, Lorenz, in scheinhafter Sicherheit zu wiegen? Jetzt, als er die paar Stufen des Verwaltungsgebäudes hinaufsteigt, wird ihm überraschend klar, dass er insgeheim mit solchem Zusammentreffen gerechnet hat. 5 Der Umzug in die Anonymität einer Großstadt wäre nun auch kein Hineinschlüpfen in einen Laurinsmantel[1] gewesen, aber in einer Kleinstadt, logo, ergaben sich statistisch mehr Möglichkeiten, auf eine Person aus der eigenen Biografie zu stoßen.
Der Schreibtisch mit der handhohen Figur Kaiser Karls, die Regale 10 mit den bunten Ordnern, der Farbdruck einer Düne, gelber Klumpen zwischen hellem Blau oben und dunklerem unten, redeten ihm die Befürchtungen aus. Nur ein reiner Reflex von Überwachsamkeit. Ein Fremder, auf den Lorenz unbewusst eine Ähnlichkeit projiziert hatte. Unfug! Und nach der ersten Tasse Kaffee umfing 15 eine wenig aufregende regionale Historie den Herrn Archivar Lorenz und schirmte ihn gegen weitere Fantastereien ab. Die Beschäftigung mit dem Grundriss der nahezu zerstörten Stadtmauer wirkte sedierend. Man hat eben immer Mauern gebaut, nicht wahr? Man konnte nicht so einfach hopplahopp seine Stadt verlassen oder be- 20 treten, hingehen, wohin das Sehen zog. Die Regel bestand in der bewachten Umgrenzung städtischen Raumes. Bestand in der Überwachung der Bürger. Dafür bot die Stadt Sicherheit und Schutz. Von Anfang an, von Jericho, wo die Bauleute offenkundig gepfuscht hatten, da ein paar Trompetenstöße den Wall einstürzen ließen, bis 25 Troja, Rom, Berlin. Stets dieselbe Konstruktion. Wären die ehemaligen Vorgesetzten von Lorenz bloß etwas gebildeter gewesen, sie hätten auf den Limes verweisen können, die befestigte Grenze gegen anstürmende Barbaren. Zu spät. Der Limes innerhalb seines Vaterlandes war gefallen, die Völkerwanderung hatte eingesetzt, 30 und Lorenz, Geschichtskundler von hohen Graden, überzeugt von den Wiederholungszwängen aller menschlichen Unternehmen, war rechtzeitig vor dem großen Desaster aus der Heimat entwichen. Um einen stillen Unterschlupf und Lohn und Brot und Jahresurlaub und Aussicht auf Verbeamtung zu finden. Da erwies sich die 35 Randlage fern den urbanen Anhäufungen als richtige Wahl.

---

1 Laurin: Zwergenkönig aus der mittelalterlichen Dichtung, der einen Mantel besitzt, der unsichtbar macht

An den Sitzungen der Stadtverwaltung nahm Lorenz selten teil. Einzig wenn es die Planung für besondere Präsentationen verlangte, trat er mit Dokumenten und Urkunden in Erscheinung, meist zur allgemeinen Zufriedenheit. Natürlich enthielt auch die örtliche
5 Geschichte die bekannten Schönheitsfehler jener Vergangenheit, von der immer noch als zu »bewältigende« die Rede war. Doch Lorenz, geschult durch ehemalige Archivtätigkeit und geschichtsbedingte Umstände, wusste instinktiv, was bei Vorgesetzten, bei manchen Mitbürgern Unbehagen hervorriefe, und das ließ man
10 am besten im Kasten. Selektive Geschichtsaufbereitung, entsprechend der zu erzielenden Wirkung. Geschichte war vielschichtig, man konnte sich und andere daraus bedienen, ohne sie zu vergewaltigen. Oder doch nur ein bisschen, indem man spezifische Angebote betonte. Das fiel Lorenz leicht.
15 Manchmal kam es ihm sogar vor, als hätte seine Fähigkeit den Ausschlag für seine Anstellung gegeben. Bereits beim ersten Bewerbungsgespräch nahm er zufriedene Mienen und schweigende Zustimmung wahr. So fing Lorenz ein neues Leben an, jenseits der alten Probleme; auch der Mensch vermag sich zu häuten, redete
20 er sich ein, entschlossen den alten Adam abgestreift, den neuen Göttern Lippendienst erwiesen.
Auf einmal aber schien die zweite Existenz bedroht. Die flüchtige Begegnung verweigerte das Vergessenwerden. Besonders wenn Lorenz mit etwas gänzlich anderem beschäftigt war, Akten ordnete,
25 bräunliche Fotos registrierte, stand er erneut im »Ölmühlengang«, Auge in Auge mit wem bloß, und spekulierend, ob es sich möglicherweise um jenen Filmwissenschaftler gehandelt haben könnte, den Mann, der wie andere zu tief ins Glas geschaut, zu tief in die Akten, die Lorenz einst hütete, Einblick genommen hatte. Oder
30 der Redakteur vom Kulturmagazin, von dem man nicht wusste, was er mit seinen frisch erworbenen Kenntnissen treiben würde? Lorenz versuchte, sich die Gesichter seiner einstigen »Kunden« vorzustellen. Zwar wurde ihnen Einsicht in Dokumente und Schriften besonderer Art gewährt, doch er, Lorenz, kannte nie die dahinter
35 stehenden Zwecke. Er verwaltete nur, trug Namen ein, sicherte Papiere, schloss weg, versperrte Material, und vermochte sich doch nicht an das Gesicht zu erinnern, von dem er meinte, dass die dazugehörige Gestalt mit ihm, mit seinem Schicksal verquickt sei.

Als könnte er die Wirklichkeit magisch beeinflussen, ging er fortan täglich zur selben Uhrzeit, auf die Minute genau, durch die Gasse, der erneuten Begegnung entgegenlauernd, voller Hoffnung und Angst jeden Passanten musternd. Dann an der Kirche entlang. Heiliger Laurentius, meine Qualen sind ähnlicher Art, nur ins Seelische 5 transformiert. Ich liege auf dem Rost der Vergangenheit, gepeinigt von Gespenstern aus abgelebtem Gestern, die mich ans Messer liefern wollen. Lügenhaft zu behaupten, Vergessen sei mühelos, ein natürlicher Vorgang, hingegen ich strenge mich damit an, und es misslingt mir andauernd. Gerade der Aufwand an Energie, das 10 Erinnern abzuschalten, zeugt fortgesetzt Erinnern. Die Umwelt ist ausstaffiert mit Andeutungen, Fingerzeigen, Symbolen, deren einzige Aufgabe es ist, Vergessen zu verhindern. Ich hätte dem Mann doch nachlaufen sollen. Sicherlich Zufall, nicht Fatum, führte ihn durch die Gasse. Er konnte doch gar nicht ahnen, wo ich jetzt lebe. 15 Ich muss etwas gegen die Bedrückung unternehmen.

Als ihm, schlaflos wie neuerdings, im Dunkel einfiel, es könne eventuell schon ein Schreiben in seiner Angelegenheit unterwegs sein, stand er sofort auf, um bei Lampenlicht hin und her zu wandern, den Kopf gesenkt, murmelnd, ein Selbstgespräch haltend, das 20 ihn erleichterte. Einen Erstschlag führen, bevor das Unheil losbrach. Angriff ist die beste Verteidigung. Den Gegner nicht zum Zuge kommen lassen, ihn taktisch und strategisch im Vorfeld seiner Aktion mit den gleichen Waffen schlagen. Bestand nicht alle Kriegskunst darin, in einer Vorwärtsbewegung dem Feind zuvorkommen? 25 Lorenz entwickelte einen Plan, um der unsichtbaren Bedrohung zu entgehen. Er würde einfach eine Denunziation schreiben, anonym selbstverständlich, und sich selber bei der Verwaltung anzeigen! Ein Schrieb, sogleich als Wisch erkennbar. Des Inhalts, dass Lorenz Spitzel gewesen sei, Mitarbeiter des Ministeriums für Staatssicher- 30 heit und nun ein Maulwurf im demokratischen Rosengarten, ein Unterwanderer der Verfassung, dem es die Larve vom Antlitz zu reißen gelte! Jeder Satz müsste gemein und hinterhältig klingen, fragwürdige Beziehungen, plumpe Behauptungen. Man würde Lorenz zu einem klärenden Gespräch bitten, dem er sich sorglos 35 stellen könnte.

Wie lange sind Sie schon bei uns tätig, Herr Lorenz, über ein Jahr, wie doch die Zeit vergeht, die Verwaltung war und ist mit Ihrer

Tätigkeit absolut zufrieden, es scheint, dass hier noch einige Fragen offen sind, Ihre vormalige Anstellung betreffend, bei der es Kontakte zur Geheimpolizei gegeben haben dürfte, wenn Sie bitte dazu Stellung nehmen könnten ...

5 Und Lorenz, ohne Erröten, ohne Verlegenheit, ohne Anzeichen von Schuldbewusstsein, für welches er sowieso keinen Anlass erkannte, hätte Gelegenheit, sich zu entlasten. Zugegeben, dass er eine sogenannte »Quelle« gewesen sei, aber nicht mehr als das. Alle Archive hätten damals dem Innenminister unterstanden,
10 auch das seine, wo er von Offizieren befragt worden wäre, welche Individuen in welche Dokumente Einsicht gehabt hätten. Da ohnehin jeder in der Kartei eingetragen gewesen sei, wie auch bei uns üblich, und er hob das »uns« leicht hervor, um seine aktuelle Amtszugehörigkeit anklingen zu lassen, wäre es ohnehin unsinnig
15 gewesen, Namen und Daten nicht nennen zu wollen. Die hätten doch bloß selber nachzusehen brauchen, waren aber zu faul, die Bande! Das wusste jeder Mitarbeiter des Archivs. Und sehr wahrscheinlich, da ich nichts zu verbergen hatte, bin ich bei diesen kurzen Informationsgesprächen beobachtet worden. Meines Wissens
20 habe ich niemandem geschadet ...

Man sei zur Nachfrage verpflichtet gewesen, würde es heißen, man hätte sich ja denken können, dass Lorenz eine reine Weste habe, und er zöge sich anschließend an seinen Schreibtisch zurück, um die Ausstellung »Unsere Stadtmauer im Wandel der Epochen« vor-
25 zubereiten und künftighin ungestört zu bleiben. Jetzt könnte derjenige, der ihm begegnet war, sonstwas verraten. Lorenz war dem Mann zuvorgekommen und hatte sich im voraus als Opfer eines Neiders deklarieren können.

Selbst wenn der andere die Wahrheit schriebe, dass Lorenz ihn
30 wegen verdächtiger Studien gemeldet habe, Studien, bei denen einem die Typen untergekommen waren, die vor und nach 1945 Parteikarriere machten, obgleich jedes Mal in einer anderen Partei, das würde nichts mehr bringen, kein Interesse amtlicherseits mehr hervorrufen. Und bedachte man es genauer, war es Loren-
35 zens Pflicht gewesen, die Parteigrößen vor Schaden zu bewahren. Hatte er somithin nicht Datenschutz geübt, wenn auch verfrüht? Ja – dieser Blick! Es war der Filmwissenschaftler gewesen, der bald darauf in der Provinz Hilfsarbeiter wurde. Nein – der Historiker,

den sie in die Dorfbücherei versetzten ... Oder doch der Journalist, der Trinker geworden war?

Nun schlenderte er gleichgültig durch den »Ölmühlengang«, blicklos für die Fußgänger, nur vor Sankt Laurentii blieb er häufiger stehen: Wir Märtyrer einer guten Sache, die gescheitert ist. Auch das 5 Christentum hat sich nicht durchgesetzt. Tag für Tag erwartete er die Gesprächseinladung, erbangte sie gar bald, ohne dass ihn der Ruf erreichte. Er fing an, sich um den Posteingang zu kümmern, obwohl sein Brief bestimmt längst eingetroffen war. Jawohl, Herr Lorenz, die Post ist schon vor einer halben Stunde verteilt worden 10 ... Für Sie war nichts dabei ... Nichts ...

Ihm wurde unheimlich zumute. Warum kein Echo? Keine merkbare Veränderung innerhalb der Besprechungen mit Kollegen, mit Vorgesetzten; kein leisestes Anzeichen, kein verstohlener Blick zwischen den anderen, keine distanzierende Kühle beim Umgang 15 mit ihm – es war zum Verzweifeln. Sie mussten es doch gelesen haben!

Lorenz hatte ein Signal gesetzt, ohne dass sich darauf etwas ereignet hätte. Das war, wie er sich nachts eingestand, schlimmer als die vorherige Situation. Die Ungewissheit, das Fragwürdige seiner hie- 20 sigen Anwesenheit, war geblieben und hatte sich verstärkt. Das Eis unter seinen Füßen schien ihm dünner geworden. Denn jetzt wusste er immerhin, dass die anderen etwas über ihn wussten, was sie vordem wohl nicht vermutet hatten. Und sie schwiegen, steinern, wie die Skulpturen im Tympanon[2] über dem Portal, durch das es 25 ihn jetzt jeden Sonntag trieb, ohne dass er Erleichterung erfuhr. Dieser verdammte Protestantismus! Abschaffung der Ohrenbeichte! Und was kam bei solchen Reformen heraus? Verlassenheit und Trostlosigkeit. Lorenz kannte die Folgen von Reformen nur zu gut. Es fängt mit Reformen an und hört mit dem seelischen Niedergang 30 des Einzelnen noch lange nicht auf! Selbstverständlichkeit des Individuums – Scheiße! Und während er in der Bank niederkniete, die Stirn gegen die Rückwand der Vorderbank gepresst, hasste er sich dafür, nicht nach Regensburg oder einem anderen dieser Plätze umgesiedelt zu sein, wo man das ausschütten konnte, was man für sein 35 Herz hielt, und das doch nichts weiter als eine Mördergrube war.
(1994)

---

2 Bogenfeld über dem Türsturz eines Portals

Claudia Rusch
Peggy und der Schatten von Ernst Thälmann

Ich habe die Entscheidung meiner Eltern, in der Opposition zu
leben, nicht mitgetroffen. Ich war ihr ausgeliefert.
Heute bin ich ihnen dankbar. Sie haben mich damit privilegiert.
Ich weiß genau, in welchem Land ich groß geworden bin. Niemand kann mir unterstellen, ich wüsste nicht, wovon ich rede.
Das erleichtert das Miteinander seit der Wende erheblich.
Als Mädchen war ich dagegen zerrissen zwischen dem Wunsch
nach Unauffälligkeit und der Würde einer Eingeweihten. Ich gehörte zu einem exklusiven Club, aber manchmal wäre ich gern
angepasster DDR-Durchschnitt gewesen. Mit Eltern in der Partei,
FDGB[1]-Urlaub in Kühlungsborn[2] und einer Dreizimmerwohnung
in Marzahn[3]. Ohne Geheimnisse. Einfach in der Menge verschwinden.
In Grünheide[4] gab es keine Anonymität, jeder wusste, wer wir
waren. Als die Aktion »Schwerter zu Pflugscharen« begann, war
ich zehn Jahre alt. Ich ging in die vierte Klasse. Natürlich mussten
auch wir Kinder die Aufnäher mit dem Abrüstungssymbol tragen.
Wir waren zu zweit. Franziska, die fast gleichaltrige Tochter von
Katja und Robert[5], und ich. Unsere Mütter hatten die auffälligen
Stoffkreise an die Jackenärmel genäht und uns damit in die Schule
geschickt. Spießrutenlaufen. Aber was tun brave Töchter nicht für
den Kampf um den Frieden. Es hieß ohnehin wenig mehr, als die
Erwartungen der Leute zu erfüllen. Wir hatten ja gewissermaßen
eine dörfliche Oppositionsverpflichtung. Doch so ganz ohne Vor-
sichtsmaßnahmen ließ man uns nicht auf die Menschheit los. Es
gab eine Belehrung. Vor dem großen Kamin stehend, erklärten unsere Mütter, was »Schwerter zu Pflugscharen« bedeutete. Es sei ein
Bibelzitat aus Micha 4 und laute in voller Länge: »Und sie sollen
ihre Schwerter zu Pflugscharen und ihre Spieße zu Rebmessern ver-

1 Freier Deutscher Gewerkschaftsbund (DDR)
2 Ostseebad
3 Plattenbausiedlung in Ost-Berlin
4 Dorf südöstlich von Berlin
5 Katja und Robert Havemann, Freunde und Nachbarn der Ruschs; Robert
   Havemann war einer der prominentesten Bürgerrechtler und Dissidenten
   der DDR

102

schmieden; kein Volk wird wider das andere ein Schwert erheben und sie werden den Krieg nicht mehr erlernen.« Die Sowjetunion habe 1957 die gleichnamige Skulptur von Jewgeni Wiktorowitsch Wutschetitsch als Friedenssymbol an die UNO verschenkt.

Halleluja. Jewgeni Wiktorowitsch Wutschetitsch – und das vor dem Frühstück … 5

Ich ging schon mit ungutem Gefühl in die Schule. Die Kinder reagierten nicht auf das Mal an meinem Oberarm, aber es war nur eine Frage der Zeit, bis die Behörden in Aktion traten. Es dauerte nicht lange und mein Klassenlehrer sah seine Chance gekommen. Er war 10 frisch von der Armee entlassen und verwechselte uns gelegentlich mit Rekruten. Offenbar glaubte er an körperliche Züchtigung als probates Erziehungsmittel. Standen wir im Sportunterricht nicht zackig in Reih und Glied, scheuchte er uns selbst im Januar um die Aschenbahn. Wenn wir dann zitterten, höhnte er grinsend: Ist 15 euch kalt? Dann könnt ihr gleich nochmals rennen …

Er war groß und blond und hätte zu anderen Zeiten sicher auch Arbeit gefunden. Sein Name passte zu ihm. Er hieß Petzke.

Herr Petzke also ließ mich vor die Klasse treten und hielt einen Vortrag darüber, warum die Friedensbewegung in Wirklichkeit die Konterrevolution und der Aufnäher westdeutsche Propaganda sei und 20 ich mich damit deutlichst als Klassenfeind enttarnt hätte. Ich wolle, so schloss er, das Ende der DDR und damit den Faschismus zurück.

Es war lächerlich. Außer ihm durchschaute niemand den politischen Hintergrund seiner Ausführungen. Meine erschrockenen Mitschüler verstanden noch weniger als ich, wovon er eigentlich 25 redete. Herr Petzke veranstaltete in der 4b eine kleine Sondersendung des Schwarzen Kanals[6] nur für sich allein.

Ich sah in die Klasse und fühlte das Fallbeil im Nacken. Es war meine Hinrichtung. Tränen stiegen mir die Gurgel hinauf. Wehe, du heulst jetzt. Sei mutig. Man hatte mir zu Hause beigebracht, in 30 solchen Situationen niemals Angst zu zeigen. Ich wusste, dass sie sonst erreicht hätten, was sie wollten: uns einzuschüchtern. Die Regel lautete: Sie können uns alles nehmen, aber eines bekommen sie nicht: Genugtuung. Jetzt war das mein einziger Halt. 35

Ich riss mich zusammen und sagte trotzig meinen Text auf. Herr Petzke ging gar nicht erst auf Bibel und Sowjetunion ein, sondern

6 Politisches Magazin des DDR-Fernsehens

forderte die anderen auf, sich zum Thema zu äußern. Er schaute lauernd in die Runde. Eine pummelige Fischertochter aus dem Nachbarort hob die Hand. Sie stand auf und verkündete: Wenn das Ernst Thälmann wüsste, dann würde er sich im Grabe umdrehen.
5 Dazu muss man wissen, dass Ernst Thälmann für DDR-Kinder so etwas war wie Robin Hood und Supermann in Personalunion. Der unantastbare Heiland. Insofern war ihre Reaktion zwar niederträchtig, aber vollkommen altersgerecht. Viele in der Klasse nickten. Zwei, drei andere schlossen sich dem eben Gesagten an.
10 Ich wurde immer blasser und immer kleiner.
Plötzlich sprang meine Freundin Peggy auf und meldete sich zu Wort. Mit Bestimmtheit erklärte sie: »Ich verstehe euch nicht, ihr könnt Claudia doch sonst auch leiden. Und auf einmal ist sie für euch ein Klassenfeind?! Ich glaube nicht, dass sie schwindelt. Und
15 wenn die SU diese Statue der UNO geschenkt hat, dann ist es doch was Gutes. Für Frieden bin ich auch. Warum soll Claudia dann gegen die DDR sein? Das verstehe ich nicht. Und eins will ich mal sagen außerdem, wenn Ernst Thälmann wüsste, was ihr hier macht, dann würde er sich wirklich im Grabe umdrehen!«
20 Sprach's und setzte sich hin, als hätte sie nicht soeben einen Reserveoffizier der NVA[7] Lügen gestraft. Mehr noch, sie hatte ihren Klassenlehrer vorgeführt. – Nicht schlecht für eine Zehnjährige.
Ich war tief berührt von ihrer Loyalität. Wir kannten uns schon aus dem Kindergarten und sie war meine allerbeste Freundin, aber
25 es kam durchaus vor, dass wir uns in der Pause prügelten. In dieser Situation war nicht unbedingt abzusehen, dass sie sich auf meine Seite stellen würde. Immerhin lautete die Anklage auf Vaterlandsverrat. Ich strahlte sie an.
Herr Petzke sah ein, dass nach Peggys moralischem Home-Run
30 nichts mehr zu holen war, und beschloss, die peinliche Angelegenheit zu beenden. Mit einem tonlosen »Du kannst dich wieder setzen« schickte er mich zurück auf meinen Platz. Dann ging er zum Unterrichtsgeschehen über. Ich war erlöst.
Über die Rettung aus der Not heraus hatte Peggy mir etwas sehr
35 Wichtiges gezeigt: Es gab Menschen, für die ich glaubwürdig war. Auch außerhalb unserer Kreise. Keine spätere Erfahrung von Solidarität war für mich so entscheidend wie diese.

---

7 Nationale Volksarmee

Die Geschichte hatte nie ein Nachspiel. Der konfliktscheue Direktor löste das Problem ein paar Tage später auf seine Weise. Er ging persönlich durch die Schulflure und trennte das Corpus Delicti[8] von unseren Jackenärmeln. Als der Unterricht zu Ende war, hing mein Parka gewissenhaft glatt gestrichen am Haken und »Schwerter zu Pflugscharen« war entfernt. Ich war ausgesprochen erleichtert.

(2003)

---

8 Gegenstand eines Verbrechens; Beweisstück

Jakob Hein
Nu werdense nich noch frech

In der fünften Klasse träumten wir von der ungeheuren Macht-
fülle eines Siebtklässlers. Doch nur zwei Jahre später mussten wir
spüren, wie diese Macht in unseren Händen zur Unzulänglichkeit
verging! Das Leben erschien wie ein aussichtsloses Rennen nach
5 einem Platz voller Bedeutung, den immer nur andere hatten. Kräf-
tige Fünftklässler boxten mir aus Spaß in den Bauch, und ich dachte daran, wie wir uns das damals nie getraut hätten. Trotz dieser
scheinbaren Gleichförmigkeit bestand unser Leben aus offizieller
Sicht jedoch aus lauter Fortschritt. Andauernd:»Heute beginnt für
10 euch ein neuer Lebensabschnitt.« Erste Klase, Jungpioniere, dritte
Klasse, Thälmannpioniere, fünfte Klasse, Jugendweihe, Freie Deutsche Jugend. Es hörte gar nicht auf.
Die Überreichung unserer Personalausweise wurde als festliches
Ritual gestaltet, das uns als Teil des großen Ganzen DDR fühlen
15 lassen sollte. Allerdings war das Problem, dass alte Leute darüber
entschieden, wie dieses Ritual auszusehen hatte. Meines wurde als
Diskothek im Kreiskulturhaus gestaltet. Es begann um drei Uhr.
Alle Kinder aus meinem Stadtbezirk waren da, die in den letzten
Wochen das 14. Lebensjahr vollendet hatten. Wir trafen uns hier
20 zum ersten und zum letzten Mal. Erst hielt eine viereckige Polizistin eine Rede darüber, wie wir den Personalausweis zu behan-
deln hätten (gut), wann wir den Personalausweis mithaben sollten (nie) und wann wir bereit sein mussten, den Personalausweis
vorzuzeigen (immer). Dann machte ein Komiker, der so schlecht
25 war, dass er sich lieber als Kabarettist vorstellen ließ, ein paar faule
Witze über den Personalausweis, alle harmlos, die wirklich bei niemandem außer der Polizistin irgendeine Regung hervorriefen. Die
schaute wenigstens sauer, wenn der Komiker solche Dinge sagte
wie:»Und denn könnta natürlich auch ne dufte Papiertaube aus'
30 m Perso falten.« Ich nehme an, er dachte, dass wir so sprechen.
Dann ging die Disko los. Dazu wurde das Neonlicht abgeschal-
tet, und ein professioneller Diskotheker spielte DDR-Rocksongs,
die wir vorher noch nie gehört hatten, da wir ja ausschließlich
Westradio hörten. Es gab Kekse und Cola, und natürlich tanzte
35 niemand. Jedes zweite Lied wurde die Musik unterbrochen, und

die Polizistin rief einige Leute nach vorn, um ihnen den Ausweis auszuhändigen. Dann schüttelten sie und der Kabarettist die Hand des Neubesitzers, und die Musik spielte wieder. Die nun einen Ausweis hatten, nahmen ihre Jacken und verließen auf schnellstem Weg das Kreiskulturhaus. Die Reihenfolge war alphabetisch, so dass ich relativ lange warten musste. Als ich meinen Personalausweis erhielt, war mir von der Kombination aus Cola und Keksen schon kotzübel.

Nur anfangs war der Personalausweis dafür da, in Kinofilme mit nackten Frauenbrüsten zu kommen. Später diente er mir hauptsächlich als Kommunikationsmittel mit der Volkspolizei. Man bekam den Ausweis in einer schönen Plastikhülle überreicht, in die man die Bilder seiner Lieblingsband steckte. Bei jeder einzelnen Überprüfung musste ich diese Bilder aus der Schutzhülle entfernen, steckte sie sorgsam in die Arschtasche meiner Hose und hinterher wieder in die Plastikhülle. Die ständigen Überprüfungen ohne jede konkrete Konsequenz ließen uns nach und nach den Respekt verlieren. Wer fürchtete sich schon vor einem riesengroßen Hund, der seine Zähne auf dem Nachttisch vergessen hatte. Andauernd wurden wir auf der Straße kontrolliert, bekamen ein Alexanderplatz-Verbot ausgesprochen oder wurden von der Transportpolizei auf einem Bahnhof so lange festgehalten, bis unser Zug zum Punkkonzert abgefahren war. Einmal wurde ich für zwölf Stunden in Polizeigewahrsam genommen, weil ich die Straße diagonal überquert hatte. Mehrere Male wurde ich von Polizisten in Diskussionen über mein »unsozialistisches Aussehen« verwickelt, das aus schwarz gefärbten Haaren und Schnürstiefeln bestand. Wenn ich dann aus der DDR-Verfassung zitierte, dass jeder aussehen darf, wie er will, es nicht auf das Aussehen ankommt, oder darauf hinwies, dass Margot Honecker, unsere Volksbildungsministerin und die Frau des Staatsratsvorsitzenden, sogar blau gefärbte Haare hat, oder wenn ich die Genossen in sonstige Widersprüche verstrickte, kam der überzeugende Satz, den sie wohl in ihrer Ausbildung wieder und wieder geübt hatten: »Nun werdense nich noch frech!«

Shanty musste sich seine langen Haare bei einer Party abschneiden lassen, weil der Gastgeber mit ihm gewettet hatte: »Wenn du dreimal gegen diese Wand klopfst, kommt die Polizei.« Shanty hätte

einen Kasten Bier gewonnen, aber es war sinnlos, der Gastgeber kannte seine Nachbarn besser. Ansammlungen von mehr als drei Personen konnten als »Zusammenrottung« geahndet werden. Die offizielle Form der Festnahme hieß »Zuführung«. Man konnte
5 ohne weiteres bis zu 24 Stunden lang auf irgendeiner Polizeistation »zur Feststellung eines Sachverhaltes« zugeführt sein. Meistens fuhren wir dann auf irgendein Polizeirevier und mussten uns dort ausziehen, damit unsere Sachen genau überprüft werden konnten. Alles Geschriebene wurde gründlich studiert, und jede Kassette
10 wurde abgehört, während wir mehr oder weniger nackt daneben standen. Einmal war ich gemeinsam mit Juri zugeführt worden, der leider zum Zeitpunkt der Festnahme sehr betrunken war. Die Zuführung ernüchterte ihn nicht wesentlich, und als wir in Unterwäsche vor den Polizisten standen, sprang er plötzlich durch das
15 Zimmer, drehte das offizielle Bild von Erich Honecker um und rief: »14,80 Mark! Mehr ist Ihnen unser Parteivorsitzender nicht wert, Genosse?« Es wurde eine besonders lange Zuführung.
(2001)

Robert Naumann
Wie meine Karriere mal einen ganz schönen Knacks bekam

Früher, als Jugendlicher, wusste ich oft nichts Rechtes mit meiner Zeit anzufangen. Es war ja Sozialismus. »Klopapier?«, fragte ich manchmal flehend meine Mutter. Aber sie schüttelte nur den Kopf.

Im Sommer saß ich auf dem Balkon und zählte die Westautos, die ⁵ unten vorbeifuhren. Ich war ja Regimekritiker. Der Balkon befand sich in Karl-Marx-Stadt[1], dem Bezirk mit der geringsten Westautodichte. Mein Leben verlief also eher langweilig. Doch nur im Sommer. Im Winter war ich der Kälte wegen genötigt – das Ohr am Balkonfenster – am Motorengeräusch zu erkennen, wie viele ¹⁰ Westautos vorbeifuhren. Es war unglaublich. Es wimmelte von Westautos. Ich erkannte sogar die verschiedenen Fahrzeugtypen. Ein Schreibheft von damals belegt die Daten: 17. Januar 1985: 27 x Mercedes, 15 x Audi, 22 x BMW, 65 x Porsche!

Das Phänomen begann mich zu interessieren, und ich beschloss, ¹⁵ einen Roman über die Sommer-Winter-Schwankungen von Westautos in Karl-Marx-Stadt zu schreiben. Als ich vier Jahre später erschöpft »Ende« auf die letzte Seite schrieb, fiel die Mauer.

Mir wurde bewusst, dass sich mein Roman unter den veränderten Bedingungen schlecht verkaufen würde. Manche wissen gar ²⁰ nicht, dass der Mauerfall nicht nur Gutes mit sich brachte. Eine hoffnungsvolle Schriftstellerkarriere war von den Schergen des Kapitalismus im Keim erstickt worden. Ich kam danach nie wieder richtig auf die Beine. Eine Schreibblockade jagte die nächste.

Heute kann ich infolge dieses Traumas nur noch ganz kurze Texte ²⁵ schreiben. Ein Roman ist nicht mehr drin. Die gewonnene Zeit verbringe ich auf dem Balkon und zähle die Ostautos, die vorbeifahren. Eigentlich hat sich nicht viel verändert.

(2001)

---

1 jetzt wieder: Chemnitz

Michael Kleeberg
Birth of the Cool

Über Jahre hinweg hatte ich Rudolf nur aus dem Briefwechsel
gekannt, den meine Mutter mit ihm führte. Ich erinnere mich,
dass er schon frisch verheiratet war, und die Briefe meiner Mutter
begleiteten zunächst nur die weihnachtlichen Fresspakete oder
5 sandten Geburtstagswünsche. Rudolfs Dankesbriefe, in blauer
Tinte auf holzigem Papier, in einer feinen gleichmäßigen Schrift,
schilderten das Leben der sich bald vergrößernden Familie und
endeten stets mit freundlichen Grußworten, besonders an mich.
Ich beauftragte meine Mutter jedes Mal, die Grüße zu erwidern,
10 aber ich konnte mich nie dazu durchringen, selbst zu schreiben.
Es brauchte Jahre, bis ich die Verwandtschaftsbeziehung, die uns
verband, im Gedächtnis behielt: Sein Urgroßvater und mein Urgroßvater waren Halbrüder aus der ersten und zweiten Ehe ihres
Vaters, so dass wir denselben Namen trugen. Doch diese recht
15 dünne Blutlinie und die Tatsache, dass er, rund sieben Jahre älter
als ich, in einer anderen Welt lebte, ließen von der Aufnahme
einer Brieffreundschaft nicht viel erwarten. Meine Mutter berich-
tete, dass Rudolf Jazzmusiker sei. Der Gedanke an sächsische Jazzer
reizte eher zum Lachen. Immerhin, ein Musiker, noch dazu im an-
20 deren Deutschland, hob sich aus dem Familieneinerlei ab, und ich
war gewissermaßen stolz auf ihn, wenn auch die Fotos, die er uns
sandte, allen Bohemefantasien Hohn sprachen. Aber ich überließ
die Korrespondenz doch meiner Mutter, dachte auch nie daran,
eine Reise nach Sachsen ins Auge zu fassen.
25 Es war im Juni 1988, als eines Abends das Telefon klingelte und ich
zum ersten Mal Rudolfs Stimme hörte mit ihrem weichen Akzent:
Guden Abend, hier ist der Rudolf. Ich bin hier in Paris! Ich rufe
vom Hotel aus an! Ich stehe mitten im Quartier Ladin!
Er hatte eine Reiseerlaubnis bekommen, um seine kranke Groß-
30 mutter in Stuttgart zu besuchen, und plötzlich die Idee gehabt,
noch weiter zu reisen. Die Behörden stellten ihm einen bundes-
deutschen Reisepass aus, mit dem er ungehindert und ungestem-
pelt die französische Grenze passieren konnte. Auf dem Rückweg
würde er ihn wieder zurückgeben und nach Hause fahren, als sei
35 nichts gewesen. Er lachte wie beschwipst über seinen Einfall, und

natürlich sagte ich ihm, er solle sofort vorbeikommen, wir würden ihn zum Abendessen einladen.

Er ging durch die lauten lichtertrunkenen Straßen mit dem Blick des überwältigten Touristen, den Kopf ein wenig angehoben, die Augen in die Höhe der dritten Etage gerichtet, um nicht von der 5 Flut der Details ertränkt zu werden. Er hatte mir lange und fest die Hand geschüttelt, als er bei uns eintraf, und mir dabei in die Augen gesehen – man ist derlei nicht gewöhnt, und ich hatte, ich weiß nicht, warum, ein schlechtes Gewissen oder empfand eine Art von Scham: Wie ungeschickt und verschüchtert er zurückwich, 10 als meine Frau zwar seine Hand ergriff, sie dann aber zu sich herabzog, um auf Zehenspitzen den Begrüßungskuss: rechte Wange, linke Wange, mit ihm zu tauschen.

Auf dem Weg zum Restaurant, in der Abenddämmerung, vermochten wir noch nicht, an einem Thema festzuhalten, und sprachen 15 hauptsächlich von Paris, von dem Rudolf natürlich überwältigt war. Ich redete abfällig von deutschen Städten, vermied aber jedes mir nicht zustehende Urteil über die unbekannte DDR.

Wir aßen in einer großen lauten Brasserie zu Abend, der joviale Professionalismus der Kellner faszinierte ihn, der Blick auf die 20 schillernden, auf Eis getürmten Meeresfrüchte unterbrach seine Rede. Die rasch fließende Zeit umspülte ihn wie ein Bergbach einen Stein, sein Lebenstonus hatte einen langsameren Rhythmus. Er sprach langsamer als wir, drehte langsamer den Kopf, seine Handbewegungen waren ruhiger, seine Augen erstarrten, um das 25 Panorama in seiner Totalität aufzunehmen, es war mir sogar, als kaue er langsamer als wir, und all das machte, dass er eine Gelassenheit ausstrahlte, die beneidenswert war, auch wenn sie uns nervös machte.

Er erzählte uns von seiner Arbeit, er war Schlagzeuger. Er konnte 30 ordentlich leben als Musiker, vor allem, weil alle Berufsmusiker gehalten waren, auch Musikunterricht zu geben, von dem wir voller Bewunderung und Einverständnis hörten, dass er für die Kinder der DDR obligatorisch sei.

Als wir aus dem Restaurant traten, war noch ein Schimmer Helligkeit am Himmel, und wir beschlossen, spazieren zu gehen. In 35 einem amerikanischen Antiquariat tasteten seine Finger über die weite Fläche der ausgelegten Bücher und er hielt den Atem an.

Danach hatten wir Durst und betraten ein Café.

Das ist also ein Flipper, sagte Rudolf.

Ich starrte ihn an und sagte lachend: Erzähl mir nicht, dass du noch nie geflippert hast!

5 Ich hab' davon gehört, aber gespielt hab' ich in der Tat noch nie.

Na, dann wirst du's jetzt lernen.

Ich spielte und fluchte und gab dem Kasten kleine Stöße, um die Kugel zu beeinflussen, und einen großen, als sie schließlich geradewegs ins Aus schoss. Immerhin hatte ich eine respektable Punkt-

10 zahl erzielt. Rudolf stellte sich vor den Apparat, schoss die Kugel nach oben und legte die Finger auf die seitlichen Knöpfe. Er stand steif da, nur sein Kopf zuckte ein wenig, als die Augen versuchten, der hin- und herflitzenden Kugel zu folgen. Nach drei Sekunden klackte es, das Spiel war zu Ende, Rudolf hatte nicht einmal die

15 Hände gerührt. Er sah mich verdutzt an. Es war zu schnell gegangen, einfach zu schnell. Und nun? fragte er.

Ich brach in Lachen aus, aber er nahm es mir nicht übel und versprach, es bei der nächsten Kugel besser zu machen. Aber auch die zweite und ebenso die dritte Kugel schossen hin und her und spran-

20 gen von den ruhenden Flippern ins Aus, bevor Rudolfs Nervenzentren seinen Fingern den Befehl geben konnten, in Aktion zu treten.

Wir tranken unsere Gläser leer und traten hinaus auf die nächtliche Straße, und erst jetzt färbte sich Rudolfs Gesicht rot, er bewegte sich hastiger und erklärte halb ernst, halb lachend mit erregter

25 Stimme: Das erste Mal, dass ich geflippert habe! Das ist schon eine tolle Sache. Eine tolle Sache! Aber man müsste es natürlich öfter machen können. Das geht schnell, nicht wahr? Ich nickte.

Wir sollten das importieren.

Es war meine Frau, die vorschlug, noch ins New Morning zu gehen.

30 Ich beeilte mich, Rudolf zu erklären, dass es sich um den bekannten Pariser Jazzkeller handle, und er nickte: Ich hab' davon gehört. Wer spielt heute Abend? fragte ich, und meine Frau antwortete: Jay Murray.

Wir besaßen eine Platte von ihm, auf deren Cover stand, Murray

35 gelte bei Insidern als legitimer Nachfolger Coltranes, und ich erklärte Rudolf, dass die Stücke Murrays zunächst schwer zu hören seien, sich aber als meisterhaft entpuppten, wenn man sich nur in ihre Logik zu versetzten verstünde.

112

Ja, sagte er, das finde ich auch. Wobei es mehr seine Phrasierung ist als seine eigentliche Technik, die an Coltrane erinnert, und dann auch mehr auf dem Sopransaxophon als auf dem Tenor.

Du kennst den Namen?

Ja. Ich habe ihn ein paar Mal in Warschau gehört, sagte Rudolf. Da kommen immer eine ganze Menge Leute zusammen. Vier Mal hab' ich Miles Davis gesehen, aber auch Leute wie Braxton, Chico Freemann, Marsalis, Garbarek oder Bill Evans und Shorter, was jetzt die Saxophonisten betrifft.

Ah, sagte ich, und wen sonst noch?

An bekannten Schlagzeugern Jack de Johnette, Steve Reid, Cobham, Airto Moreira und natürlich Roach. In Warschau herrscht immer eine großartige Atmosphäre beim Festival. Wie ist das hier? Ich zuckte die Achseln. Ähnlich, denke ich.

Dann natürlich Jaco Pastorius, sagte Rudolf. Das war ein Ereignis, oder Barbieri mit Dollar Brand. Oder Weather Report, wobei ich Fusion für problematisch halte. Aber Murray ist großartig. Habt ihr ihn schon oft gehört?

Auf Platte, sagte ich.

Wir brauchten eine Weile, bis wir das New Morning fanden. Das Konzert hatte bereits begonnen, als wir eintrafen und uns in dem engen, lärmvibrierenden Raum durch die Rauchschwaden nach vorn drängten. Es überlief mich kalt, als der Saxophonist plötzlich ein gerade begonnenes Stück unterbrach und mich mit starrem Blick zu fixieren schien. Ich drehte mich um, sah aber in der Menschenmauer hinter mir nichts, was den Zwischenfall gerechtfertigt hätte. Da trat er zum Bühnenrand und rief laut und mit seiner amerikanischen Betonung: Rudolf! Rudolf, is that you?

Rudolf lief rot an und winkte ab, aber es gab keine Möglichkeit, sich zu verkriechen. Ladies und Gentlemen, rief Murray breit grinsend. I just seen an old friend of mine in the audience. An old friend from the Warsaw Jazz Festival. We've been jamming together. Rudolf come up!

Rudolf, puterrot, in seinem karierten Hemd und seiner missfarbenen Windbluse ließ sich zur Bühne schieben, und der Schwarze stellte sein Saxophon ab und umarmte ihn pathetisch. Dann tuschelten sie miteinander, der Schlagzeuger stand auf, tauschte einen Handschlag mit Rudolf, der sich schwerfällig hinter den Becken niederließ und ging hinüber zum Tresen. Murray kam zur Rampe und sagte das nächste Stück an: From an old Miles Davis Album, Birth of the Cool, a Gerry Mulligan title – Venus de Milo, featuring on drums, Mr. Rudolf!

5 Nach dem Konzert saßen wir mit Murray und seiner Band bis zum Morgengrauen zusammen und tranken Wein, Bier und Schnaps durcheinander, die ohne Unterbrechung von Geisterhänden herbeigetragen wurden. Ein Kauderwelsch aus Deutsch, Englisch und Französisch schwirrte über den Tisch. Ich entsinne mich noch,
10 dass meine Frau Rudolf von einem Buch über Samarkand erzählte, das sie gelesen hatte, und wie sich dann herausstellte, dass Rudolf mit seiner Familie dort gewesen war und ihr die Farben und Gerüche schilderte, erstaunlich nüchtern noch, und meine Frau lauschte mit träumerischem Blick. Mein Gott, sagte sie mir später, ich
15 träume von Samarkand wie von einem Märchenland, wie gerne würde ich es sehen, und er war schon dort. Er war dort.

Das nächste Mal sahen wir uns nach dem Mauerfall im Frühsommer 90. Rudolf kam mit seiner Familie in einem Barkas-Bus, der sonst zum Transport der Band und der Instrumente diente, nach
20 Paris. Sie hatten zweieinhalb Tage gebraucht. Es war das erste Mal, dass ich Helga und die Mädchen sah, aber auf Rudolfs Ferienstimmung lag ein Schatten. Er drehte jeden Pfennig zweimal um und musste mit schmalen Lippen und gefurchter Stirn seinen Töchtern, in deren Augen verständnisloser Vorwurf lag, das Karussell-
25 fahren verbieten. Helga hatte einen ganzen Karton Süßigkeiten und Bonbons von drüben mitgebracht, die sie ihren Töchtern in Rationen zuteilte.

Es ist halt noch billiger bei uns, sagte sie entschuldigend.

Rudolfs Band hatte sich aufgelöst, ihr Banjospieler war Bürger-
30 meister des Ortes geworden, die anderen hatten sich zerstreut, sie fanden keine Aufträge mehr.

Es ist schon schwierig jetzt, sagte Rudolf und biss an seinem Bart herum. Die Leute haben andere Sorgen im Moment, als Musik zu hören. Aber das wird sich wohl auch wieder ändern. Leider überneh-
35 men jetzt auch die Schulen den westdeutschen Plan, und da wird natürlich der Musikunterricht gestrichen. Dein Vater hat mir angeboten, Versicherungsagent zu werden wie er. Er war sehr freundlich und hat gesagt, er wolle bei seiner Gesellschaft nachfragen.

Das wirst du um Gottes Willen nicht machen! Sagte ich. Versicherungen verkaufen! Du bist Musiker!

Das habe ich ihm auch gesagt. Ich weiß ja nicht einmal, wie man Versicherungen verkauft.

Selbst wenn du's wüsstest! Versicherungsvertreter! Mein Gott! Du bist Jazz-Musiker.

Helga blickte stumm auf ihren Mann, dann auf die Kinder, die sich weit entfernt hatten und die sie zurückrief.

Als ich das nächste Mal mit meinem Vater telefonierte, hörte ich an seiner Stimme, dass Rudolf bis zu einem gewissen Grade in Ungnade gefallen war. Hör mal, ganz ehrlich! Jetzt denk mal nach. Es ist doch ganz natürlich und außerdem bitter notwendig, dass sich da jetzt was ändert. Sag' ich dem Rudolf: Mach doch eine Generalagentur auf. Wir suchen doch händeringend nach Leuten wie dem. Der kennt doch die halbe Stadt mit seiner Musik. Ich bau' ihm goldene Brücken. Aber nein, ich weiß nicht, und ich überleg's mir, und ich ruf' dich zurück, und dann ruft er nicht an. Jetzt soll er warten, bis er schwarz wird.

Du musst das verstehen, sagte ich. Er ist Musiker, und nun willst du, dass er Versicherungen verkauft.

Ich will gar nichts, außer ihm helfen. Aber dass die Zeiten vorübergehend härter werden und die Leute jetzt mal nach vierzig Jahre den Ernst des Lebens sehen und lernen müssen, was arbeiten heißt, das ist doch logisch. Wir tun unser Teil, aber die müssen eben auch das ihre tun und anfangen, ein bisschen Initiative zu entwickeln. Wir stecken da 100 Milliarden rein, und wir können das ja zum Glück auch, wer könnte das denn sonst noch momentan in der Welt, und wir tun's ja gerne, aber dass die dann nicht mal einen guten Rat annehmen wollen, das ist doch ein starkes Stück. Ich hab' dem Rudolf ja nicht verboten zu musizieren. Es ist doch auch ein wunderschönes Hobby. Die tun das am Abend machen, und tagsüber wird gearbeitet. Als Generalagent könnte der jetzt ein Bombengeschäft machen.

Ich sah Rudolf wieder im nächsten Frühling, zum 60. Geburtstag meines Vaters. Wir feierten in einem Lokal, und nach dem Essen blickte ich auf meinen Vater, der mit spitzen Lippen den Cognac schmeckte. Sein Bruder schlug ihm auf die Schulter. Ich konnte nicht hören, was sie sagten, denn die Drei-Mann-Combo, die wir

zum Tanzen engagiert hatten, legte gerade los, aber mein Onkel streckte den Arm aus, legte den anderen um die Schulter meines Vaters und nickte, den Mund in einem Ausdruck von Befriedigung verzogen, in die Runde. Die Brüder ähnelten einander, jetzt zu vor-
5 gerückter Stunde, in Hemdsärmeln, Schweißperlen auf der Stirn. Die Band spielte Walzer, Foxtrott und Rock, ein Sänger mit Gitarre, ein Keyboardspieler und ein Schlagzeuger. Auf der Pauke stand »The Wizards« sowie eine Telefonnummer. In einer Spielpause rief mein Onkel laut herüber: Rudolf, willst du nicht mitspielen? Du
10 bist doch Trommler! Los, zeig uns mal, was du kannst! Die Wizards mit Rudolf am Schlagzeug intonierten den Schneewalzer, und alle, die noch an der Tafel saßen, schunkelten mit. Später klopften sie Rudolf, der sich wieder gesetzt hatte, auf die Schulter und prosteten ihn anerkennend zu. Hä, sagte mein
15 Onkel, der sich einen Stuhl herangezogen hatte, jovial und lächelte Rudolf aus rotgeräderten Äuglein an: Hä, das ist schon ein anderes Leben, jetzt! Ich saß neben meinem Vater, der auf Rudolf deutete. Na, er ist ja auch endlich vernünftig geworden. Er hat mir vorhin gesagt, dass
20 er es mit der Agentur versuchen will, wenn's noch nicht zu spät ist. Nächste Woche fahren die Leute rüber, um ihn zu schulen. Ich habe Rudolf noch nicht wiedergesehen seit dem Geburtstag meines Vaters, aber wir schreiben einander regelmäßig. Rudolf arbeitet viel, um den Bestand zu erhöhen. Wenn ich von Zeit zu
25 Zeit nach acht Uhr abends dort anrufe, habe ich immer Helga am Telefon, die mir sagt, er sei noch nicht zu Hause. Ich weiß nicht, warum, aber ich denke lieber an ihn, wie er am Abend unserer ersten Begegnung war, vor dem Flipper und hinterher im New Morning, als mir auszumalen, wie er durch die Vorstädte fährt,
30 um Versicherungen zu verkaufen. Ich kann mir nicht vorstellen, dass es nicht doch eine Möglichkeit gegeben hätte, von der Musik weiterzuleben, wenn er es nur wirklich versucht hätte. Ich werde ja sehen, wie er jetzt lebt, denn seit zwei Jahren steht eine Einladung nach Sachsen offen, die wir noch stets nicht wahrgenom-
35 men haben. Es ist verrückt, was einem immer an Wichtigem und Unwichtigem dazwischenkommt und einen davon abhält, die Verwandten zu besuchen.
(1997)

116

ABGRÜNDIGES

Arne Nielsen
Donny hat ein neues Auto und fährt etwas zu schnell

Donny ist ein kleiner Mann, wahrscheinlich der kleinste Mann,
den ich kenne. Ein Meter dreiundfünfzig, um genau zu sein. Das
ist nicht viel. Donny weiß das auch und spricht ganz offen darüber.
Manchmal droht er sogar damit, seinen Job zu schmeißen und sich
5 einer Zirkusgruppe anzuschließen. »Jonglieren kann ich gut«, sagt
er dann, wirft ein paar Äpfel in die Luft und lacht. Er lacht viel, der
Donny. Ich kenne niemanden, der so viel lacht wie er. Dass die
anderen ihn gar nicht so lustig finden, macht ihm nichts aus.
Donny lacht gerne allein. In dieser Hinsicht ist er unabhängig.
10 Ich habe viel für Donny getan. Als er im Betrieb anfing, gab ich
ihm ein paar Tipps, wie er am besten mit dem Chef klarkommt.
Ich sagte: »Donny, mach, was er sagt, und du hast deine Ruhe.«
Wir kommen eigentlich gut miteinander aus, Donny und ich.
Nach einiger Zeit fand ich sogar, dass er gar nicht so klein war. Ich
15 erzählte ihm, dass ich drüben in der Siedlung einen Kioskbesitzer
kennen würde, der nicht viel größer wäre als er.
Wenn ich nur daran denke, was ich alles für Donny getan habe.
Als er umgezogen ist, steuerte ich zum Beispiel eine Menge Kartons bei. Nicht, dass es mich was gekostet hat. Ich kann so viele
20 gebrauchte Kartons aus dem Lager nehmen, wie ich will. Brauche
ich Kartons, dann nehme ich mir Kartons, so einfach ist das. »Ich
will nichts dafür haben«, sagte ich, »stell mir einfach einen Kasten
Bier hin und wir sind quitt.« Das ist doch großzügig, oder?
Vor kurzem fragte mich Donny während der Mittagspause, ob er
25 mein Auto haben könne. Das war natürlich eine schwierige Angelegenheit und ich musste eine Weile überlegen. Wozu brauchte
Donny mein Auto? Ich schaute ihn an und fragte: »Wo willst du
denn hin?«
»Na, zu den Autos«, antwortete er. Manchmal ist er etwas schwer
30 zu verstehen. Er meinte eigentlich, dass er sich ein Auto anschau-
en wollte. Donny hatte vor, ein Auto zu kaufen. Alleine wollte ich
ihn aber nicht zum Autohändler fahren lassen. Also brachte ich
ihn hin.
Wir fuhren nach Feierabend los. Während der Fahrt gab ich Donny
35 ein paar Ratschläge, worauf er so zu achten habe. Er solle sich

einen kleinen Japaner kaufen, sagte ich ihm, der würde am besten zu ihm passen. Der Autohändler, den sich Donny ausgesucht hatte, arbeitete in einem Betongebäude hinter dem Supermarkt. Autos sah ich auf dem Gelände keine. Nachdem Donny ausgestiegen war, fuhr ich direkt nach Hause, denn es wurde dunkel, und 5 ich fahre ungern im Dunkeln.

Wie gesagt, Donny und ich sind Freunde, und als er anrief und mich fragte, ob ich eine Runde mit ihm drehen wolle, war ich natürlich sofort dabei. Meine Frau und ich lagen gerade hinterm Haus auf dem Rasen, als er mit dem Wagen vorbeikam. »Das wird 10 Donny sein«, sagte ich, als das Motorengeräusch in der Auffahrt verstummte. Ich ging ins Haus und sah durch das Wohnzimmerfenster einen schwarzen Wagen mit getönten Scheiben. Tiefergelegt und mit breiten Reifen. Donny hatte sich einen schnellen Wagen geholt, soviel war klar. Bevor ich das Haus verließ, schaute 15 ich in den Spiegel.

»Mensch Donny, du machst Sachen«, sagte ich laut, ging zum Auto und klopfte auf das Dach. »He, bist du da drin?« Da ich nichts erkennen konnte, beugte ich mich näher an die Scheibe. Doch das einzige, was ich sah, war mein Gesicht. Ich sah wütend aus. Ich 20 klopfte noch einmal auf das Dach, diesmal etwas fester. »Donny, komm schon«, rief ich. Doch dann hörte ich ihn plötzlich hinten im Garten lachen. Er lachte, und meine Frau lachte auch. Also ging ich wieder ins Haus zurück und nahm einen großen Schluck Limonade. Ich wartete einen Moment, bevor ich in den Garten 25 hinausging. Die beiden lachten immer noch.

»Donny, hier steckst du also. Da hätte ich ja lange warten können.« Jetzt lachte ich auch.

Auf der Bank zwischen Donny und meiner Frau stand ein kleiner Käfig, in dem ein Huhn lag. Das Tier bewegte sich nicht. Donny 30 lachte und zwinkerte mir zu, während meine Frau mich erwartungsvoll anschaute. Es war klar, dass irgend etwas in der Luft lag.

»Mensch Donny, das wäre doch nicht nötig gewesen«, sagte ich und ging vor dem Käfig in die Hocke. Ich ließ mir nicht anmerken, dass ich etwas überrascht war. 35

»Es schläft«, sagte Donny.

»Ja«, kicherte meine Frau und schaute an mir vorbei Richtung Haus.

»Kommst du auch mit?« fragte er sie beiläufig.

»Du bleibst hier«, sagte ich zu ihr und folgte Donny zu seinem neuen Wagen. Nach kurzer Überlegung fügte ich auch noch »Du Schlampe« hinzu. Ich weiß bis heute nicht, warum ich meine Frau so genannt habe, es war das erste Mal in sechzehn Ehejahren.

Donny fuhr schnell und mir wurde übel. Das sagte ich ihm aber nicht, da es ihn nichts anging. Bald schon wusste ich nicht mehr, in welcher Gegend wir gerade waren, was mir zu denken gab. Ich schaute auf Donnys Hände am Lenkrad. Er hatte große Hände, das sah ich in diesem Augenblick. Und rot waren sie auch, seine Hände.

»Wo geht's denn hin, mein Junge?« fragte ich ihn.

Er nahm sich Zeit, bevor er mir antwortete.

»Nirgendwohin. Es geht nicht darum, wohin zu fahren, sondern dass wir beide heute zusammen unterwegs sind, du und ich«.

Nachdem er das gesagt hatte, wusste ich, dass Donny sich verändert hatte. Ich ließ es mir aber nicht anmerken. Wir fuhren wirklich sehr schnell und ich sah, wie die Leute sich nach unserem Wagen umdrehten und mit dem Finger auf uns zeigten.

»Donny, du fährst etwas zu schnell.«

Das hätte ich nicht sagen sollen. Ich wusste zwar nicht warum, aber es war klar, dass ich in diesem Moment verloren hatte. Irgendwie schien nichts mehr so zu sein wie früher. Donny schmunzelte und mir kam das Huhn in den Sinn.

Erst als Donny umdrehte und wir wieder nach Hause fuhren, wurde ich ruhiger. Bis wir wieder in die Einfahrt einbogen, nahm ich meine Augen keine Sekunde von Donnys Händen. Es war still im Auto, als Donny den Motor ausmachte. Dann legte er beide Hände auf das Lenkrad und schaute geradeaus, als müsste er sich weiterhin aufs Fahren konzentrieren. In mir kribbelte es, es war so, als hätte ich zuviel Zucker gegessen. Ich sah unser Haus, und es kam mir kleiner vor als sonst. Ich sah unser Haus und fragte mich, was Donny wohl davon hielt. Ich wünschte, ich hätte ein größeres Haus. Ich wünschte, ich wäre gerade woanders.

»Ed?«

»Ja, Donny?«

»Weißt du was, Ed?«

»Was denn, Donny?«

Ich wusste, diesmal würde er keine Kartons brauchen. Obwohl ich ihm welche besorgen konnte, sogar umsonst. Hätte er nach Kartons gefragt, ich wäre der letzte gewesen, der nein gesagt hätte. Kartons waren noch nie ein Problem gewesen.

»Du nervst, Ed.« Donny sah mich an. 5

»Ich weiß, Donny«, war das einzige, was ich herausbrachte.

Nachdem ich Donnys Auto nicht mehr hören konnte, stand ich noch ein bisschen in der Einfahrt herum und ging dann ins Haus. Meine Frau war nirgendwo zu sehen, ich konnte also aufatmen. Es war gut, dass sie nicht da war. Ich hatte Lust auf einen Schluck 10 Limonade und holte mir eine Flasche aus dem Kühlschrank. Nachdenklich schaute ich auf das Etikett. Vielleicht war zuviel Zucker in diesem Zeug. Die Angaben auf dem Etikett sagten mir aber nichts. Limonade, Limonade, warum immer Limonade, fragte ich mich. Dann ging ich in den Garten hinaus und rief nach meiner Frau. 15 Das Huhn war inzwischen aufgewacht und gackerte. So wie es mich anschaute, konnte man meinen, es sei ein kluges Tier.

Zuerst konnte ich das Tier nicht so richtig greifen, denn es hüpfte im Käfig herum und biss um sich. Doch dann hatte ich es und schlug es als erstes auf den Rasen. Dann auf den Gartentisch. Und 20 dann gegen alles.

Ich hörte nicht, wie meine Frau nach Hause kam. Im Garten sah es furchtbar aus, überall lagen Federn herum. Sie sah mich an und ging ohne ein Wort zu sagen ins Haus.

(2003)

Brigitte Kronauer
Der Störenfried

Ja sicher nahm er sich die Freiheit, während er die naiv gezogenen
Wege abging und mit Vergnügen die vorgeschriebenen, sinnlosen
Haken schlug, eine Lakritzschnecke nach der anderen zu futtern,
bis er die ganze Tüte leer gefressen hatte! Er ging geradeaus und
5 bog plötzlich, sich selbst überraschend, willkürlich ab, er sah sich
zu, einer kleinen Menschärgeredichnichtfigur, bei etwas außer
Rand und Band geratenen, aber immer geometrischen Zügen,
die er selbst verantwortete. Dazu also und zurecht: eine Schnecke
nach der anderen. Er biss sie in seinem Mund zugrunde, in großer
10 Vertilgungswut, die reine Freude war.
Jetzt sirrte das alte Buchenlaub nicht bösartig in den Hecken. Mit
dem kalten Februarwind war es für lange Zeit aus. Hier staute
sich die Witterung zu jeder Jahreszeit. Nun also war der Frühling
dran, und hier eben sofort ein hundertprozentiger Frühling. Die
15 Anordnung der Bäume und Büsche erzeugte oft um die Gräber
herum den Eindruck von Spezialkabinetten mit jeweils eigenem
Zimmergeruch, und er, K. R. Schnurrer, konnte überall eintreten
ohne anzuklopfen.
Schließlich war er hier annähernd zu Hause. Er hatte Gewohn-
20 heitsrecht, besuchte zwar niemanden, aber stellte sich gern sein
eigenes Grab vor mit dem Namen »K. R. Rotzekocher«. Ja sicher,
das würde ihm gefallen, genau der richtige Name für den Stein.
Zu den Steinen und Namen dachte er sich mit Vorliebe passende
Berufe aus. Die Toten mochten neuerdings vielleicht besonders
25 gern Systemanalytiker, Netzadministrator sein. Auch bei dieser Be-
rufsgruppe gab es ja längst Verschiedene, und er nickte ihnen von
oben in die Tiefe hinab freundlich zu: Netzadministrator! Da lag
der Herr und wurde von oben vom Menschärgeredichmännchen
respektvoll gegrüßt. Der da unten war eben schon »Himmelen
30 gegangen«. Mochte für ihn das Beste sein.
Es machte ihm auch Spaß, nach den Daten unter den Namen die
Verwandtschaftsbeziehungen der Begrabenen zu erraten. Ließ
sich das aus den Zahlen nicht eindeutig ermitteln, reagierte er
kurzfristig verdrossen, als hätte er vor einem Rätsel versagt, einem
35 unsauber formulierten allerdings.

Die Grabschächte! Gern begriff er sie als endlos in die Tiefe ver-
laufende, wie die Gänge in den nebligen Monaten es in der Hori-
zontalen taten. Dann konnte man sich nämlich auch umgekehrt
ausmalen, man stiege, in der Waagerechten ausschreitend, in die
Tiefe hinab. Es blieb ja alles folgenlos, war ja nicht gefährlich, auch 5
seine kleine Nichte sprach mit Genugtuung vom Helden eines
eben gelesenen Buches, der alles verloren hatte, Arme und Beine,
Augenlicht, Gehör, den halben Kopf offenbar, und immer noch
lebte, total kaputt der junge Mann, aber tapfer. So hatte sie es berichtet, durch so viel Tugend und radikale Reduzierung entflammt. 10
Von ihr wusste er sicher, dass sie unter den Lebenden weilte, von
anderen Bekannten oder sogar Blutsverwandten konnte er das auf
Anhieb nicht genau sagen. Wenn er sie nie traf, was machte es
dann überhaupt für einen Unterschied?
Er riss mit den Zähnen an einer Lakritzschnecke. Aber nun zum 15
ersten Mal dieser Läufer im Turnanzug, locker an den verwilder-
ten und den frischen, hoch mit Blumen beschichteten Gräbern
vorbeitänzelnd. Artistische Technik geradezu. Ein 1a Boden hier,
Waldverhältnisse. Dieser Mann war von der ersten Sekunde an
sein Feind. Er rannte unbeirrbar, sah nicht nach rechts und links, 20
ganz hingegeben dem unbändigen Laufvergnügen auf idealer Un-
terlage. Ribbelte den ganzen Friedhof auf mit seinem nichtswürdi-
gen Sport und scherte sich an nichts. Schnurrer schlich ihm nach.
Er kannte sich ja gut aus und konnte es taktisch so einrichten, dass
er ihn, obschon er sich viel langsamer bewegte, im Auge behielt. 25
Das ging zu weit! Hierher durften sich diese Pragmatiker einfach
nicht vorwagen. Er, Schnurrer, verlor die Lust an seinem Friedhof.
Damit hätte er nie gerechnet. Dieser Rasende! Zerstörer! Ein ma-
schinengleich rasender oder pendelnder, voranfedernder Zerstörer, der alles in Schutt und Asche legte, während er ungestraft seine 30
Technik zwischen den Grabhügeln vervollkommnete.
Warum ziehe ich denn hier herum, fragte sich Schnurrer, als Menschärgeredichmännchen, und esse ausgerechnet hier so lüstern
und fanatisch rabenschwarzes Lakritz? Es ist in Wahrheit Trotz,
ja, gut, jetzt ist es leider gesagt, aber natürlich nicht gegen diesen 35
Wahnsinnigen, der seine Beine nicht stillhalten kann. Ebensogut
könnte ich mir was Schönes aus dem Weltall ansehen, zum Beispiel
die Wasserstoffgaswolke im Sternbild Orion, hundertfünfzig Billi-

onen Kilometer groß. Man musste gegen den Tod aufzutrumpfen wissen. Die Gaswolke und ihr Glühen halfen manchmal. Manchmal war dies hier besser. Mitten auf dem Friedhof ging er dann großartig gelaunt und gefeit herum, streichelte auch die schönen
5 Marmorengel-Busen, die weniger kalten als man glaubte.

Von Augenblick zu Augenblick die Gegenwart genießen? Schön und gut. Sollte er etwa seine Frau, der er immerhin noch deutlich zugetan war, jahrzehntelang sekundenweise lieben, und was war, bei Befolgung dieses Rezepts, mit einem gewissen Garteneingang,
10 der seinerseits in unentwegter Treue auf ihn wartete?

Der Störenfried trug Schuld daran, dass er sich diese Unerquicklichkeit klarmachen musste. Aus war das heimliche Kinderspiel. Nun stand der klobige Grund für seine Praktiken, völlig unnötigerweise, vor ihm. Seine Nichte hatte ihm erzählt, in der Kirche hätten
15 die Kinder jetzt oft die Hostie und ein Kaugummi gleichzeitig im Mund. Wenig später, wenn es mit den Hostien vorbei war, wurden diese Kinder, das stand ab heute fest, Läufer, die auf Friedhöfen ihre Muskeln stählten. Das ließ sich nicht aufhalten. Aber konnte man sie, eine letzte Gegenwehr, vielleicht überlisten?
20 Da zog der Verrückte wieder seine Bahn, jetzt mit kleinen, steilen Übungs- oder Übermutssprüngen zwischendurch, unaufhaltsam und in Begeisterung über das entdeckte Terrain immer noch eine zusätzliche Streckenvariation auskundschaftend.

Da hatte er's: Erbitterung über den Turner oder Tod: Das war völlig
25 egal, nämlich ein und dasselbe! Schnurrer würde sich in Zukunft den Tod als diesen schreiend gekleideten Läufer vorstellen. »Jan Klapperbeen«? Das hatte ihn noch nie überzeugt. Aber dieser nicht müde zu Kriegende, sein Ziel sorgenfrei Verfolgende, ohne Blick für die hingehauchten Biografien, die ihn rechts und links flan-
30 kierten, der schaffte es. So würde er, Schnurrer, Rotzekocher, von nun an den Tod leibhaftig sein Wesen treiben sehen, als unersättlicher Jogger im optimistischen Kampfanzug, ob das Laub kam oder ging.Nun riskierte er selbst einen Luftsprung als überaus fröhliche Parodie: War das nichts? Mit einem Trick hatte er seinen Feind
35 besiegt und in seine Gewalt gebracht, nicht direkt und vollständig den Tod, aber den gespenstisch sich abmühenden Jüngling gewiss. Der war erledigt, erledigt und tot.

(1992)

124

Burkhard Spinnen
Gründe für ein Massaker

Er könne, sagt der Mann vor dem atemlosen Gericht, keinen anderen Grund für den Umstand, dass er seine ganze Familie erschlagen habe, nennen als den: Es habe ihn der Anblick eines Regalfaches in eine namenlose Wut versetzt.

Längst sind und mehrfach die Polizeiberichte verlesen und die Gutachter gehört worden. Alle Fakten liegen klar zutage. Die Scheußlichkeit der Tat und die Rohheit ihrer Ausführung haben auch die Abgebrühtesten zurückschrecken lassen; und seit Monaten ist der Fall das Thema Nummer Eins in der einschlägigen Presse.

Aber jetzt endlich hat der Mann sein Schweigen gebrochen. Rechts und links, sagt er, hätten in dem Regalfach, wie es sich gehörte und seit langem so war, Bücher und Ordner mit Aufzeichnungen und Unterlagen gestanden. Die Mitte des Faches sei mit Absicht frei geblieben, häuften sich doch die abzuheftenden Papiere mit jedem Tag. Dass er dennoch nichts unternommen habe, als sich die Mitte langsam mit anderen Dingen füllte, sei, sagt der Mann, entsetzlich und ihm bis heute unerklärlich.

Er beginnt dann, seine Finger zur Hilfe nehmend, mit der Aufzählung dessen, was er am Mordtag im Regal gesehen habe. Es seien gewesen: die fast unangebrochene Tube eines muskelentspannenden Präparates; eine Papierrose an langem, grünem Stil; die beim Aufbau aus Versehen nicht angebrachten Abdeckteile für die Winkeleisen an einem einfachen Kleiderschrank, dazu ein paar Schrauben und Holzdübel, die übrig geblieben waren, ein bunt bemalter hölzerner Buchstabe, der immer wieder von der Tür des Kinderzimmers gefallen war; ein kleines Weihwasserbecken aus hellblau lasiertem Ton mit einer Weihwasserflasche aus demselben Material; ein älterer Lichtschalter zum Wandeinbau; ein Golfball, mit dem die Kinder gespielt hatten; und, aber da lasse ihn vielleicht die Erinnerung im Stich, ein alter schwarzer Quast.

Eine Zeitlang herrscht Schweigen. Ruhig bittet der Richter den Mann fortzufahren.

Er habe da also, sagt der Mann, zum werweißwievielten Male vor dem Regal gestanden und sich seiner Schwüre erinnert, alles an

seinen Platz zu räumen; doch da er auch diesmal wieder schon
nach kurzer Überlegung, was jetzt tun, an der Aufgabe vollkommen verzweifelt sei, zugleich sich aus guten Gründen nicht dazu
habe entscheiden können, alles mit einem Mal wegzuwerfen, sei
5 diese namenlose Wut über ihn gekommen, und er habe sich dann
wohl gegen seine Familie gewandt. Freilich, an alles Folgende
könne er sich nur schemenhaft, ja teilweise trotz aller Anstrengung überhaupt nicht erinnern.
(1996)

Daniel Kehlmann
Auflösung

Nach der Schule versuchte er es mit verschiedenen Berufen, aber
nichts wollte ihm so recht passen. Eine Zeitlang machte er die
Kleinarbeit in einem Bürokomplex – Papiere sortieren, Briefmar-
ken kleben, stempeln; – aber wem gefällt so etwas schon? Dann
nahm er eine Stelle in einer Autowerkstatt an. Zuerst ging es ganz 5
gut, aber dann fand er heraus, dass die tiefe Zuneigung, die seine
Kollegen zu den Fahrzeugen hatten, sich in ihm niemals entwickeln würde. So gab er es bald auf und sah sich nach etwas anderem um. Er war damals ziemlich religiös. Vielleicht war das der
Grund, dass er nirgendwo so recht hingehörte. Er ging fast regel- 10
mäßig in die Kirche, und einmal las er auch die Bekenntnisse des
heiligen Augustinus. Er kam nicht bis zum Ende, aber der seltsa-
me Ton der Sätze, die alle nachhallen, als würden sie im Inneren
einer Kathedrale vorgetragen, beeindruckte ihn sehr. Er arbeitete
auch in der Pfarre mit, bei der Organisation von Prozessionen, der 15
Vorbereitung von Messen und solchen Dingen, und weil das nicht
gerade viele Leute tun, fiel er einigen Herren im Pfarrgemeinderat
auf. Einer von ihnen bot ihm eine Stellung an.
Es klang ziemlich interessant: Der Beruf dieses Mannes war es,
Kongresse zu organisieren, also jedem, der einen veranstalten 20
wollte, dafür einen Saal und Hotelzimmer in der nötigen Zahl zu
verschaffen. Mikrofone und Lautsprecher anzuschließen, Bleistifte
und Papier einzukaufen und allerlei Dinge bereitzustellen, an die
jemand anderer nie gedacht hätte. Nun wollen die Veranstalter
von Kongressen üblicherweise alle Reden, Referate und Diskus- 25
sionen auf Tonband aufgenommen haben, zur Erinnerung, oder
wer weiß warum. Und damit das auch sicher funktioniert, muss
jemand mit Kopfhörern am Aufnahmegerät sitzen und aufpassen,
dass die Aufzeichnung störungsfrei vor sich geht; fällt ein Mikro-
fon aus, muss er Alarm schlagen, und spricht jemand zu leise, 30
muss er am Empfindlichkeitsregler nachjustieren.
Das machte er nun. Es war weiß Gott nicht schwer, die einzige
Anforderung bestand darin, dass er immer zuhören und die kleinen Lichtpunkte, die den Lautstärke- und den Tonhöhenpegel an-
zeigten, im Auge behalten musste. Er durfte also nicht weggehen, 35

lesen oder auf irgendeine andere Art geistesabwesend sein, aber
es war ihm noch nie schwer gefallen, sich zu konzentrieren, und
das Gehalt war auch recht gut. Also saß er täglich in irgendeinem
Kongresssaal, ganz hinten an der Wand vor seinem Tisch mit dem
5 Aufnahmeapparat und hörte zu. Davor die Hinterköpfe der letzten Reihe, die Haare meist grau und spärlich, Hinterköpfe so abgewetzt wie die Kanten der Sessellehnen darunter. Die Leute, die
vorne standen und sprachen, waren meist alt und ihre Stimmen
hoch und schwach, so dass er ihnen mit dem Verstärker Kraft lei-
10 hen musste.
Natürlich verstand er sehr wenig, meist ging es um medizinische
oder komplizierte technische Dinge. Aber immer hörte er zu. Aufmerksam und offen. Er hatte bald begriffen, dass es besser war,
nicht zu versuchen, über das, was er gehört hatte, nachzudenken.
15 Es führte zu nichts und weckte in ihm ein unbehagliches Gefühl,
als ob er sich in der Nähe von etwas seltsam Boden- und Formlo-
sem bewegte. Und so bemühte er sich, das, was Tag für Tag vor ihm
geredet wurde, an sich vorbeifließen zu lassen und allem gegenüber gleichgültig zu bleiben. Und das gelang auch.
20 Zu Beginn jedenfalls. Er hörte Vorträge über so ziemlich alles. Und
er sah, dass es keine Einigkeit gab. Niemals. Wann immer jemand
von einer Entdeckung erzählte, folgte ihm ein anderer und erklärte
die Entdeckung für Blödsinn. Und nach ihm kam wieder ein dritter
und sagte, es sei falsch, die Entdeckung für Blödsinn zu halten, und
25 dann wieder ein anderer, und so ging es weiter, und so war es immer,
auf jedem Kongress, ganz egal, ob es um Zahnheilkunde ging oder
um Werbestrategien. Einmal, es war eine Tagung von Philosophen,
hörte er, dass vor langer Zeit jemand behauptet hatte, man könne
alles bezweifeln; hierin also liege eine Gewissheit, und zwar die ein-
30 zige. Aber dann wurde genau diese Idee angegriffen und mit Begriffen, die er nicht kannte, widerlegt. Also auch das nicht.
Ein Stein kann jahrtausendelang daliegen, von Wasser umspült
und doch ein Stein bleiben. Aber wie lang ist die Zeit? Denn einmal wird er ausgehöhlt sein. Er hörte vom unendlichen Raum, der
35 doch nicht unendlich ist, von dem Geheimreich der Zahlen, von
der chemischen Bindung und Lösung. Mit all dem füllten sich vor
ihm viele Kilometer Magnetband, die keiner jemals wieder anhö-
ren würde. So vergingen die Jahre.

An einem Sonntagvormittag ging er im Park spazieren. Es war Frühling, in den fernen Autolärm mischten sich Vogelstimmen und das Quieken kleiner Kinder im Sandkasten. Die Bäume ließen ihre weißen Blüten aufstrahlen; ein schwacher Wind wehte. Plötzlich blieb er stehen und setzte sich, sehr erstaunt, auf eine Bank. Er 5 saß lange da, und als er aufstand, wusste er, dass er keinen Glauben mehr hatte. Er ging nach Hause, starr und ein etwas schiefes Lächeln auf dem Gesicht. Daheim weinte er dann.

Sonst ereignete sich wenig. Es hatte für ihn immer festgestanden, dass er einmal heiraten sollte. Irgendwann aber bemerkte er, dass 10 es bald zu spät sein würde. Er kam kaum mehr in Gesellschaft, seine Freunde von früher fanden, dass er ein wenig seltsam geworden war, und neue hatte er nicht. Wenn er sich früher seine Zukunft ausgemalt hatte, war da immer eine Frau gewesen und, etwas verschwommen, auch Kinder. Aber sie war nie aufgetaucht. 15 Jetzt musste er wohl handeln. – Aber wie? Und überhaupt, seine Fähigkeit zu handeln war mit der Zeit fast verschwunden. Dann fand er zu seiner Überraschung, dass der Gedanke, dass es sie vielleicht niemals geben würde, eigentlich nichts Schmerzliches hatte. Und dann, bald darauf, war es auch wirklich zu spät. 20

Unterdessen zeichnete er weiter Vorträge auf. Eine eigenartige Verwirrung umspülte ihn, nicht einmal unangenehm, er stand darin und spürte, wie er versank. Es war nicht Zweifel, sondern ein allumfassender Unglaube, eine nirgendwo endende, alles durchdringende, von nichts begrenzte Leere. Nichts war richtig, 25 nichts endgültig, nichts besser oder schlechter als alles andere. Täglich hörte er Leute ihre Meinungen verkünden und andere ihnen widersprechen, und er sah, dass sie nie zu einem Ende kamen. Fanden sie doch eine Einigung, trat sicher ein dritter auf, der ihre Einigung verwarf. Bei alldem hatte er, ganz von selbst 30 und eigentlich gegen seinen Willen, allmählich ein großes Wissen gewonnen. Aber davon hielt er nichts.

Und die Welt um ihn, alles Normale und Alltägliche, die Dinge, mit denen er immer zu tun hatte, an die er anstieß, auf denen er saß, die er berührte und roch, wurden unmerklich andere. Seine 35 Wohnung, Bett und Tisch und der Fernseher, die langen Sitzreihen in den Konferenzsälen, der graue Asphalt der Wege, der Himmel darüber und die Bäume und Häuser – alles hatte an Intensität ver-

loren; die Farben waren matter geworden, es war weniger Glanz
darin. Ein feiner Nebel, kaum zu erkennen, hatte sich um all das
gelegt, der Nebel eines schläfrigen Novembermorgens.

Der Mann, der ihn damals angestellt hatte, war längst gestorben.
Die Geschäfte wurden von dessen Sohn weitergeführt, der sich in
nichts Wesentlichem von seinem Vater unterschied, und auch sonst
gab es keine Veränderung, die von Bedeutung war. Er machte seine
Arbeit, und es war inzwischen offensichtlich, dass er sie für immer
machen würde. Morgens war er da, schaltete die Geräte ein, setzte
die Kopfhörer auf und hörte zu. Abends ging er heim. Wenn ihn
jemand ansprach, antwortete er kurz, manchmal auch gar nicht.

Wenn er frei hatte, ging er durch die Stadt und sah die Menschen
an. Sie zogen an seinem Blick vorbei; oft schien ihm, dass sie sich
bald auflösen würden oder langsam durchsichtig werden und verschwinden. Aber das geschah nicht, oder jedenfalls zu selten. Und
so verlor er auch daran das Interesse.

Er begann, zu spät zu kommen. Nicht aus Faulheit, sondern weil
der Zusammenhang zwischen der fließenden Zeit und dem Win-
kel der Zeigerchen auf seiner Armbanduhr ihm entglitt. Es wurde
zunächst toleriert (»... doch schon so lange Mitarbeiter, da kann
man doch nicht einfach ...«), aber seine Verspätungen wurden
häufiger und länger. Und das Schlimmste daran war, dass er nicht
nur nicht bereit war, eine Erklärung dafür zu geben oder sich eine
auszudenken, sondern dass er gar nicht zu verstehen schien, dass
eine Verfehlung vorlag. Das Problem löste sich von selbst: Eines
Tages kam er gar nicht mehr. Seine Kündigung, fristgerecht und
mit einem sehr höflichen Schreiben des Chefs, kam mit der Post.

Er las sie nie. Er öffnete keine Briefe mehr. Er saß am Fenster und
sah hinaus auf den Himmel. Dort zogen Vögel vorbei, deren Farbe
sich mit der Jahreszeit änderte. Der Himmel selbst war gewöhnlich grau. Wolken malten Muster auf ihn, morgens rotgezackt
und flammend, abends trüb. Im Winter Schnee: Unzählbar die
Flocken, lautlos und langsam, ungeheuer weiß. Manchmal, selten, auch hell und blau. Keine Wolken, viel Licht, und die Vögel
schienen freundlicher. An diesen Tagen war alles gut.

Dann erfüllte ihn eine eigenartige Heiterkeit. Er spürte: Wären
Menschen um ihn, gäbe es einiges, was er ihnen sagen könnte.
Aber das ging vorbei. Dann stand er auf und ging einkaufen.

Ja, einkaufen ging er noch. Etwas in ihm zog es noch regelmäßig in das Lebensmittelgeschäft unten an der Ecke. Dort kaufte er wenig und immer das gleiche. All sein Geld hatte er schon vor Monaten von der Bank geholt, jetzt lag es in seiner Wohnung, ein schmaler Stapel von Banknoten, der stetig kleiner wurde. 5

Und irgendwann war nichts mehr da. Er zuckte die Achseln und kaufte ohne Geld ein. Eine Zeitlang – ziemlich lange – gab die Besitzerin des Ladens ihm Kredit. Dann nicht mehr.

Eine Frau vom Sozialamt besuchte ihn, geschickt von der Ladenbesitzerin, die sich Sorgen gemacht hatte. Er ließ sie herein, aber er 10 sprach nicht mit ihr. Von da an kam täglich jemand und brachte Essen. Einmal war ein Psychiater dabei; auch dem gab er keine Antwort. Ein Gutachten wurde erstellt und zwei höfliche Männer holten ihn ab.

Die Anstalt war kalt, weiß und roch nach chemischer Sauberkeit. 15 Manchmal schrie jemand. Das Mondlicht fiel nachts durch das Fenstergitter in dünnen Streifen auf seine Bettdecke. Er war mit drei anderen im Zimmer. Sie waren meist ruhig und rührten sich nicht, aus ihren Augen blickten verkümmerte Seelen. Hin und wieder versuchten zwei von ihnen, sich zu unterhalten, aber sie 20 brachten es nicht fertig; es war, als ob sie in verschiedenen Sprachen redeten; bald gaben sie es auf. Mittags brachte ein Pfleger Tabletten. Draußen stand ein Baum und glänzte in der Sonne, oft regnete es, und Flugzeuge malten Streifen in den Himmel, aber von alldem wusste er nichts. Er ging nicht mehr zum Fenster, son- 25 dern sah hinauf zur Decke. Eine weiße Fläche, durchschnitten von einem länglichen Riss. Abends, ehe das Licht eingeschaltet wurde, war sie grau. Morgens gelblich.

Einmal besuchte ihn sein ehemaliger Chef. Aber er reagierte nicht, es war nicht auszumachen, ob er ihn erkannte, ob er ihn über- 30 haupt wahrnahm.

Sein Posten wurde nicht nachbesetzt; es gab inzwischen ein Gerät, das das genauso gut machte. Er blieb noch einige Jahre in der Anstalt, dann, plötzlich hörte er auf zu leben. Sein Körper sah friedlich aus, sein Gesicht unberührt, als wäre er nie in der Welt gewe- 35 sen. Und sein Bett bekam ein anderer.

(1998)

Felicitas Hoppe
Am See

Wie beschaulich doch unsere Sommer sind, sagte zufrieden der
Schmied und tätschelte Luise auf der rückwärtigen Terrasse des
Hauses ein wenig unterhalb des rechten Knies, genau dort, wo sie
es am liebsten hatte. Sie kicherte hell auf, dann verstummte sie
5 wieder und starrte auf den dunklen See hinaus. Hier war einst das
Tal der Kümmernisse und Schmerzen gewesen, eine fruchtlose Gegend, bis eines Tages der Schmied gekommen war. Er hatte gelacht,
das Schild vor dem Hoftor zu Kleinholz gemacht, die Überreste
weit von sich geworfen, ein kleines silbernes Glöckchen, ein An-
10 denken aus seiner Heimat, aus der Tasche gezogen und damit ein
neues Zeitalter eingeläutet: In einem Tag mähte er die hohe, wild
wuchernde Wiese vor dem Haus, fällte mit einer Axt zwei, drei
Bäume, legte Gemüsebeete an und besserte die Ställe aus, wobei
er eine merkwürdige Art hatte, mit den Restbeständen des halb
15 verhungerten Viehs zu scherzen. Danach legte er sich aufs Dach
und betrank sich, ohne hinunterzufallen.
Auf dem Dach hatte er nicht nur getrunken, sondern auch Pläne
geschmiedet, die er niemandem zeigen konnte, weil es kein Papier
gab, um sie aufzuzeichnen, und so machte er sich ungefragt an die
20 Arbeit. Als die Dorfbewohner merkten, dass er auch Ziegel brennen und Wasserleitungen legen konnte und dass ihm die Balken
schnurgerade zu liegen kamen, obwohl er nie eine Wasserwaage
benutzte, begannen sie ihn zu hassen. Nur Luise hatte ihm bereits
wenige Wochen nach seiner Ankunft das Jawort gegeben, weil er
25 die Stelle wenig unterhalb ihres rechten Knies ausfindig gemacht
hatte. Ansonsten hatte sie nichts zu bieten außer einem Hang
zu übermütig geblümten Schürzen, aber sie war fleißig, und der
Schmied hielt sich nicht mit Äußerlichkeiten auf.
Kein Geistlicher weit und breit wollte Luise ihr Jawort abnehmen,
30 und so hatte der Schmied eigenhändig die nötigen Papiere ausge-
fertigt. Als sie gemeinsam das Dach bestiegen, um die Hochzeits-
nacht zu begehen, unterzeichnete er feierlich und half Luise, auf
der anderen Seite ein Kreuz zu machen. In dieser Nacht versprach
er ihr ein großartiges Hochzeitsgeschenk: Das Tal der Kümmernis-
35 se und Schmerzen werde bald auf immer verschwinden, er werde

dort einen herrlichen See anlegen, aber als er die Hand auf die Stelle unterhalb ihres Knies legte, hatte sie seine Worte schon vergessen, denn sie glaubte weder an Märchen noch an Geschenke.

Am darauf folgenden Morgen besprach sich der Schmied mit dem Vieh. Die Hühner begannen Eier zu legen und die Kühe Milch zu geben, und Luise begann Kuchen zu backen, deren süßlicher Duft über die fauligen Zäune der Gegend zog, so dass den Nachbarn das Wasser im Mund zusammenlief.

Manchmal ließ er sich ganze Tage nicht blicken. Er lag dann angekleidet auf dem Bett, eine schwere Lederschürze über dem Bauch, von der er sich auch nachts selten trennte, starrte zur Zimmerdecke und trank ohne Unterbrechung. Dann stand er auf und begann das Tal zu durchstreifen. Dabei stellte er komplizierte Berechnungen an, lief hin und her, vor und zurück und bückte sich, um hier und da die Beschaffenheit des Bodens zu prüfen. Dann begann er zu graben. Viele Wochen verbrachte er damit, eine Grube von ungeheuren Ausmaßen auszuheben. Er arbeitete ohne Unterbrechung und verweigerte Essen und Trinken. Abends warf er sich auf sein Bett und fiel in Schlaf.

Gerüchte begannen die Runde zu machen: der Schmied sei gekommen, eine unterirdische Stadt anzulegen, und sei sie einmal in ihren Grundrissen fertig gestellt, würden seine Landsleute kommen und den Untergrund bevölkern. Von unten her würden sie sich, unermüdlichen Maulwürfen gleich, immer weiter voranarbeiten, bis sie schließlich das ganze Dorf unterwandert hätten, um dann durch die feuchten Dielen und schadhaften Fußböden zu brechen, das wenige zu holen, was noch geblieben war: kranke Hühner, verdorrtes Obst und abgemagerte Mädchen, denen sie von unten her ans Knie fassten, bis diese in eine Ohnmacht fielen, aus der sie nie wieder erwachten. Nachts umkreise der Schmied die riesige Grube und gebe leise Signale mit seinem Silberglöckchen, kaum hörbar, aber unmissverständlich für jene, die sie zu deuten verstehen.

In Wahrheit hatte er seine Arbeit an der Grube längst beendet und damit begonnen, deren Ränder zu bepflanzen und die Umpflanzung zu bewässern. Dann wischte er sich die Hände an der Schürze ab und ging ins Bett, um zu schlafen, zu trinken und zu warten. Während er schlief, trank und wartete und Luise Eier und Milch zu duftenden Kuchen verbuk, begann der Wein um den See zu wach-

sen. Er wuchs so schnell, dass die Nachbarn behaupteten, man könne dabei zusehen, wie kleine Trauben aus dem Gesträuch hervorquollen und größer und größer wurden, bis sie die Größe eines Ballons erreichten und schließlich unter erschöpftem Platzen den
5 Wein, der rubinrot war, in die Grube entließen. Und während sie selbst im Herbst mit nackten Füßen auf ihrer kümmerlichen Ernte herumstapften, bis sie ein Fass ihres missmutigen Tropfens in den Keller hinuntertragen konnte, machte sich der Schmied die Füße nicht schmutzig.
10 Nach einem Jahr war das Tal der Kümmernisse und Schmerzen ganz von Rotwein überflutet. Es genügte, sich auf die rückwärtige Terrasse des Hauses zu setzen, um sich vollkommen zu berauschen. Man erzählt sich, dass in Vollmondnächten der Schmied mit Luise in den See steigt, um sie zu baden, wachsweiß schimmert Luises
15 Haut im Mondlicht, während der Schmied selbst beim Baden die Schürze nicht abnimmt. In diesen Nächten beginnt das Vieh in den Ställen zu plaudern, die Hühner wachsen zu übernatürlicher Größe heran und trinken sich satt an der sahnigen Milch der Kühe.
Als sie kamen, um den Schmied zu holen, fanden sie ihn zu-
20 sammen mit Luise, die eine leuchtende, frisch gestärkte Schürze trug, auf der rückwärtigen Terrasse des Hauses, wo sie die süßlich schwere Seeluft einatmeten und kein Wort verloren. Jetzt kommen sie endlich, sagte der Schmied, ohne sich umzudrehen, als er die Schritte hörte. Dann streckte er seine Arme weit aus über den
25 See und bot ihnen lange Schläuche an und schickte Luise in die Küche, um Kuchen zu holen.
Als Luise, die Arme voller Kuchen, auf die Terrasse zurückkehrte, hatten sie ihm bereits so zugesetzt, dass sie ihn nicht wiedererkannte. In seiner rechten Hand hielt er das Silberglöckchen so fest
30 umschlossen, dass es unmöglich aus seiner Faust zu lösen war. Es bimmelte unaufhörlich, als sie es samt seinen Überresten in die schwere Lederschürze wickelten, und verstummte erst, als die fest verschnürten Teile des Schmieds im See versanken.
Nach getaner Arbeit griffen die Männer nach den Schläuchen und
35 nach den Kuchen, und wie ein Mann fassten sie von unten her und langsam auf Luises Knie, so lange, bis sie in eine Ohnmacht fiel, aus der sie nicht erwachte.
(1996)

134

Materialien

I Zugänge zur Gattung

1 Eine Kurzgeschichte ist ...

- nicht länger, als ein Haarschnitt dauert (Ernest Hemingway),
- ein Stück herausgerissenes Leben (...); was sie zu sagen hat, sagt sie mit jeder Zeile (Wolfdietrich Schnurre),
- die Summe eines Menschenlebens, aus dem Augenblick belebt (Gero von Wilpert),
- die künstlerische Wiedergabe eines entscheidenden Lebensausschnitts (Klaus Doderer),
- weiter nichts als die Spiegelung der Sekunde, in der das Tellereisen zuschnappt: das Ablösen und der Transport der Beute werden dem Leser überlassen (Siegfried Lenz),
- im eigentlichen Sinn des Wortes modern, das heißt gegenwärtig, ist intensiv, straff. Sie duldet nicht die geringste Nachlässigkeit (Heinrich Böll).
- Eine gute Kurzgeschichte ist eine Kurzgeschichte, die mich *nicht* langweilt (Marcel Reich-Ranicki).

2 Charakteristika der Kurzgeschichte

2.1

Zu den Charakteristika der K. gehören u. a.: Themen aus dem Alltag, die sich zu ungewöhnlichen Situationen zuspitzen; nichtidealisierte Figuren, Durchschnittsmenschen oder Außenseiter der Gesellschaft; andeutende, verkürzende Darstellungsweise,
5 Verzicht auf Erklärungen, Reflexionen, Beschreibungen, Figurenentwicklung; unmittelbarer Beginn des Geschehens ohne Einleitung; pointierter Schluss, aber nicht als einfacher Schlusseffekt, sondern als Teil einer auf den hintergründigen Sinn gerichteten Erzählstruktur; Verwendung moderner Erzähltechniken wie assoziative, andeutende Kompositionsweise, Auflösung der zeitlichen
10 Linearität etwa durch → inneren Monolog usw.

Aus einem Sachwörterbuch zur deutschen Literatur

2.2

1. Struktur:	2. Thematik:
– offener Beginn	– Ausschnitt (Alltagsleben von
– Steigerung (Höhe- und	Menschen)
Wendepunkt)	– ein schicksalhaftes Ereignis
– offener Schluss	– Wendepunkt (oft mit Verhal-
	tensänderung)
3. Sprache:	4. Intention:
– sachlich, nüchtern, knapp	– Reflexion über den weiteren
– bildhaft und realitätsnah	Verlauf
– nicht isoliert, funktional	– kritisches Nachdenken
	– lehrhafte Absicht

Aus einem Lehrbuch

3 Manfred Durzak: Formelemente der Kurzgeschichte

Die zeitliche Dimension der Kurzgeschichte ist grundsätzlich die Gegenwart. Wo Vergangenheit und Zukunft in die Kurzgeschichte eindringen, geschieht es auf dem Wege der Simultaneitätsdarstellung, die nur eine Ausweitung der Gegenwartsdimension darstellt, aber nicht in einer sukzessiven Aufeinanderfolge der chrono- 5
nologischen Ereignisse auseinandergefaltet wird. Unter diesem Aspekt lässt sich sicherlich sagen, dass dieses Einheitsmoment, das aus der Zeitdarstellung entspringt, die Kurzgeschichte im Idealfall auf einen bestimmten Augenblick, eine spezifische Lebenssituation, ein bestimmtes Ereignis konzentriert, ohne dass dieser 10
Augenblick freilich den realistisch gezeichneten, sozialen Horizont der Historie im Muster einer außergewöhnlichen Schicksalsbegebenheit sprengt. Es kann sich um den Augenblick des Sterbens handeln, um einen Unglücksfall, einen Konflikt, eine Begegnung, aber ebenso um eine von einer Belanglosigkeit ausgelöste Er- 15
kenntnispause im normalen Alltagsverlauf. [...]
Der Erzähler der Kurzgeschichte ist nicht der allwissende Erzähler, der aus der Außenperspektive eine Monade der Realität darstellt und folgerichtig aufgrund der geringen Dimensionierung des Wirklichkeitsausschnittes keinerlei Zusammenhänge andeuten 20
kann. Den Objektivität der Erzählhaltung beanspruchenden, neu-

tralen, Übersicht besitzenden oder postulierenden Erzähler gibt es in der Kurzgeschichte nicht mehr, sondern vielmehr den Figurenerzähler, der als Ich-Erzähler unmittelbar im Erzählkontext agiert
25 oder aus dessen Perspektive in der Er-Form dargestellt wird. Nicht selten führt diese strukturelle Institution des Figurenerzählens dazu, dass der Erzähler auch sprachlich völlig hinter seinem Protagonisten verschwindet und die Kurzgeschichte formal zur Monolog- oder Dialoggeschichte wird. [...]
30 So sehr sich auch generell von einer Dominanz der geschlossenen und in einem Zug ablaufenden Handlung, einer linearen Handlung also, in der Kurzgeschichte sprechen lässt und die Eingrenzung des räumlichen Aktionsfeldes in der Kurzgeschichte diese Feststellung unterstützt, so muss andererseits jedoch von der
35 äußerst differenzierten Vielfalt der Zeitdarstellung her darauf hingewiesen werden, dass es häufig erforderlich ist, zwischen einer äußeren Handlung, die sichtbar in den Zeit-Raum-Koordinaten abläuft, und einer inneren Handlung, die sich im Bewusstsein des Protagonisten abbildet, zu unterscheiden. Es ist nicht selten so,
40 dass die eigentliche Dramatik in den Innenraum des Protagonisten verlegt wird. Während äußerlich nur ein stationärer alltäglicher Augenblick dargestellt wird, stehen nicht selten die durch äußere Signale stimulierten Bewusstseinsvorgänge im eigentlichen „Handlungszentrum" der Darstellung. Eine Verschmelzung
45 von äußerer und innerer Handlung ist dann gegeben, wenn die Figurenperspektive die Erzählperspektive völlig absorbiert. [...]
Tatsächlich ist es so, dass die äußere Handlung in der Kurzgeschichte vom Erzählbeginn zum Erzählende hin eine deutliche
50 Steigerungskurve durchläuft und ihren strukturellen Kulminationspunkt am Ende zumeist in einem überraschenden Handlungsumschwung, in einer Peripetie, die die Erwartungshaltung des eingestimmten Lesers mit einer ganz neuen, verblüffenden Wendung konfrontiert, oder in einer Pointe gipfelt, die eine sich
55 im Erzählverlauf bereits andeutende Entwicklung zusammenfasst und ihre Tendenz übertreibend akzentuiert und dadurch dem Leser eine Deutungsperspektive auf den gesamten Handlungsverlauf anbietet.

(2002)

II Kontexte

1 Zeit und Zeitgeist

1.1 Bilder zur Zeit

1 Maueröffnung in Berlin 1989   2 Fußballweltmeister Deutschland 1990   3 Golf-krieg 1991   4 Ausländerfeindliche Krawalle in Rostock-Lichtenhagen 1992   5 Fünf Tote bei einem rechtsextremistischen Brandanschlag auf ein von Türken bewohntes Haus in Solingen 1993   6 Der erste deutsche Raumfahrer Ulf Merbold startet zur russischen Raumfähre Mir ins All 1994   7 Vom Künstler Christo verpackter Reichs-tag in Berlin 1995

139

1 Größter Polizeieinsatz in Deutschland zur Sicherung eines Atommülltransports nach Gorleben 1996   2 Klon-Schaf Dolly 1997   3 Regierungswechsel in Berlin 1998   4 Nato-Bomber gegen Belgrad im Kosovo-Krieg 1999   5 Erster BSE-Fall in Deutschland 2000   6 Literaturnobelpreisträger Günter Grass 1999

1 Expo in Hannover 2000   2 Islamistischer Terroranschlag in den USA am
11. 09. 2001   3 Einführung des Euro 2002   4 Hochwasser-Katastrophe in Ost-
deutschland 2002   5 Gefangennahme Saddam Husseins nach dem Irak-Krieg
2003   6 Elf Oscars für den Film „Herr der Ringe" – 3. Teil: „Die Rückkehr des
Königs" 2004   7 Islamistischer Terroranschlag auf Vorortzüge in Madrid 2004

1.2 Florian Illies: Generation Golf

„Weil ich es mir wert bin"
Der Kauf bestimmter Kleidungsgegenstände ist, wie früher die
Lektüre eines bestimmten Schriftstellers, eine Form der Weltan-
schauung geworden. In dem, was ich kaufe, drückt sich aus, was
5 ich denke, beziehungsweise: In dem, was ich kaufe, drückt sich
aus, was die Leute denken sollen, was ich kaufe. Deswegen ist
es auch üblich, die schönen Joop-Tüten noch wochenlang zum
Transportieren von ausgeliehenen Büchern aus der Unibibliothek
oder beim Umzug zu benutzen, wenn möglichst viele Umzugs-
10 helfer sehen, welch Geistes Kind wir sind. Es ist wahnsinnig,
aber wir glauben das wirklich: dass wir mit den richtigen Marken
unsere Klasse demonstrieren. Wichtig ist, schon beim Einkaufen
Coolness zu zeigen. Sehr dankbar waren wir über die Einführung
der Kreditkarte, die uns ermöglichte, jederzeit mehr zu kaufen, als
15 wir eigentlich bezahlen konnten. Dennoch zitierten wir im Geiste
American Express, sagten: „Bezahlen wir einfach mit unserem
guten Namen", und meinten es tatsächlich ein bisschen ernst.
Auch sah ich viele junge Frauen in teuren Boutiquen ihre Plas-
tikkarte auf den Tresen knallen, weil sie wussten, wie gut es aus-
20 sieht, wenn die Frau in dem Werbespot die Visakarte aus ihrem
schwarzen Badeanzug zieht, auf den Tisch knallt, und dazu spielt
die Musik „Die Freiheit nehm' ich mir". Die Freiheit nehm' ich mir
– das ist als Spruch für unsere Generation mindestens genauso
wichtig wie das „Weil ich es mir wert bin", mit dem Oliver Bierhoff
25 sein Shampoo anpreist. Hauptsache, so sagen diese Sprüche, mir
geht es gut. Oder auch: Wenn jeder an sich denkt, ist an alle gedacht. Und wenn es mir schlecht geht, muss ich mir selber helfen,
schließlich bildet inzwischen jeder, wie die *Brigitte* schrieb, eine
Ich-AG. Selbst in Judith Hermanns Erzählungsband *Sommerhaus,*
30 *später*, dessen Gestalten aus der Berliner Boheme eigentlich so
gar nichts gemein haben mit den Generationsgenossen, die in
Heidelberg und Bonn Jura studieren, wird deutlich, dass das Krei-
sen um sich selbst unsere wichtigste Antriebsfeder ist. Nur eine
einzige Gestalt in dem Buch kann von sich sagen: „Im Grunde
35 interessiere ich mich nicht für mich selbst." Er wird deshalb auch
von niemandem verstanden und muss zum Therapeuten.

„Gut, dass wir verglichen haben"

Unser Stilbewusstsein macht sich also vor allem in jenen Sphären bemerkbar, in denen es eigentlich überflüssig ist. Aber gerade dort, wo Stil purer Luxus ist, wird er für uns besonders interessant. Als ich klein war, gab es Wasser in genau zwei Darreichungsformen: als Trinkwasser, also etwas, was man auch tatsächlich trank [...]. 5
Oder als Mineralwasser – das gab es eigentlich nur kastenweise, und es brachte einmal die Woche ein Mann mit einem kleinen Laster in großen, schweren Kästen vorbei. [...]
Mit dem Gesundheitswahn der Neunzigerjahre begann der Aufstieg des Wassers vom lästigen Grundnahrungsmittel zum be- 10
liebten Grundbaustein unseres stilistischen Gesamtkunstwerks. Zunächst verschafften wir uns gewisse Grundkenntnisse über die Unterschiede von Vittel, Evian und Volvic. Dann lernten wir, beim Italiener nicht einfach Wasser zum Wein zu bestellen, sondern ganz dezidiert San Pellegrino. Und so kommt es, dass unsere Ge- 15
neration zwar weiterhin keine Meinung zu Gerhard Schröder hat, wohl aber zum Wasser. Vittel, so kann man von kritischen Zungen hören, schmeckt nach Plastik, Bon Aqua nach Blech und eigentlich nur San Pellegrino nach Wasser. Gut, dass wir verglichen haben.

„We are one family"

Die Love Parade ist die einzige Demonstration, zu der unsere narzisstische Generation noch in der Lage ist. Sie ist Hingabe an sich selbst, im Medium der Musik zwar, aber zum Zwecke der Zelebrierung des eigenen Spaßes und der eigenen Körperlichkeit. Selbstbefriedigung in der Gruppenstunde. Der andere ist unwich- 5
tig geworden, zur Kulisse, zur Masse, in der jeder ebenso in sich verloren ist wie man selbst. [...]
Das alljährliche Motto der wirklichen Love Parade, irgendwo in der Grauzone von *We are one family* und *Friede Freude Eierkuchen* ist ebenfalls von einer solchen Allgemeinverbindlichkeit, das 10
sich darunter problemlos eine ganze Million Generationsangehöriger zusammenfassen lässt. Die einen verstehen es ganz naiv, und lüpfen vor Freude über die Musik, die Sonne, die Menschen und Berlin, ihre Shirts, andere verstehen alles eher ironisch, fühlen sich über die Masse erhaben und tanzen doch begeistert mit. 15
(2000)

1.3 Günter Grass: „Wir sind anders. Wir wollen Spaß" (Love Parade 1995)*

... und nun, liebe Zuhörer und Zuhörerinnen, ist, wie man in Berlin sagt, der Bär los. Hören Sie nur, zwei-, dreihunderttausend mögen es sein, die den Ku'damm, der so viele Schicksalsstunden erlebt hat, in ganzer Länge, von der Gedächtniskirche bis hoch nach Ha-
5 lensee, zum Kochen, nein, zum Überkochen bringen. So etwas ist nur in dieser Stadt möglich. Nur hier, in Berlin, wo vor kurzem noch ein Event sondergleichen, der von dem international gepriesenen Künstler Christo auf so unvergleichlich zauberhafte Weise ver-hüllte Reichstag, zu einem Ereignis wurde, das Hunderttausende
10 angezogen hat, hier, nur hier, wo vor wenigen Jahren die Jugend auf der Mauer getanzt, der Freiheit ein überschäumendes Fest bereitet und den Ruf „Wahnsinn!" zum Wort des Jahres erhoben hat, einzig hier, sage ich, kann zum wiederholten Mal, doch dies-mal bei überwältigendem Andrang, so lebenshungrig wie total
15 ausgeflippt die „Love Parade" über die Bühne gehen und dürfen sich [...] die sogenannten Raver, was soviel wie Schwärmer, Phan-tasten, total Ausgeflippte heißen mag, als besessene Techno-Tän-zer versammeln und ganz Berlin, diese wunderbare, stets allem Neuen offene Stadt, mit, so heißt es, „der größten Party der Welt"
20 beglücken, sagen die einen, schockiert es die anderen, denn was hier seit Stunden abläuft – Hören Sie nur! –, ist an Phonstärke und Lebensfreude, aber auch an lustvoller Friedfertigkeit nicht zu überbieten, heißt doch das Motto dieses an der Spree gefeierten „Karnevals in Rio" diesmal „Peace on Earth". Ja, liebe Zuhörer bei-derlei Geschlechts, das ganz gewiß und zuallererst wollen diese
25 so phantastisch herausgeputzten jungen Leute, die von überall her, sogar aus Australien angereist kommen, Frieden auf Erden! Aber zugleich wollen sie auch aller Welt zeigen: Seht, es gibt uns. Wir sind viele. Wir sind anders. Wir wollen Spaß. Nur noch Spaß. Und den bereiten sie sich hemmungslos, weil sie, wie gesagt,
30 anders sind, keine Schlägertypen von links oder rechts, keine nachgeborenen Achtundsechziger, die immer nur gegen und nie richtig für etwas waren, aber auch keine Gutmenschen, die, wie wir es erlebt haben, mit Angstgeschrei oder mittels Lichterketten den Krieg bannen wollten. Nein, diese Jugend der Neunziger ist

anders gestrickt, wie ihre 35
Musik, die Ihnen, meine
lieben Zuhörer und Zuhörerinnen, womöglich nur als
das Trommelfell strapazie-
render Lärm vorkommen 40
mag, denn selbst ich muß,
wenn auch ungern, zuge-
ben, daß dieses dröhnende,
den Ku'damm erschütternde
Wummern der Bässe, die- 45
ses erbarmungslose Bum
Bum Bum – Tschaka Tscha-
ka Tschaka, kurz Techno genannt, nicht jedermanns
Geschmack entspricht, aber 50
diese Jugend ist nun mal in
sich und das Chaos vernarrt,
will sich volldröhnen lassen
und in Ekstase erleben.

[...] Das Stichwort heißt: Outfit! Denn diese wie losgelassene 55
Jugend, diese Raver tanzen nicht nur, als stecke der Veitstanz in
ihnen, sie wollen gesehen werden, auffallen, ankommen, ich sein.
Und was sie am Leib tragen – oft Unterwäsche nur –, muß knapp
sitzen. Kein Wunder, daß sich jetzt schon namhafte Modedesig-
ner von der Love Parade inspirieren lassen. Und wen verwundert 60
es, wenn bereits jetzt die Tabakindustrie, allen voran Camel, die
Techno-Tänzer als Werbeträger entdeckt hat. Und niemand hier
nimmt an dem Werberummel Anstoß, denn diese Generation hat
sich ganz unverkrampft mit dem Kapitalismus ausgesöhnt. Sie,
die Neunziger, sind seine Kinder. Er ist ihnen auf den Leib ge- 65
schrieben. Sie sind seiner Märkte Produkt. Immer das Neueste
wollen sie sein und haben. Was manch einen dazu bringt, dem
allerneuesten Hochgefühl mit Ecstasy, der allerneuesten Droge,
nachzuhelfen. Sagte mir doch vorhin noch ein junger Mann best-
gelaunt: „Die Welt ist sowieso nicht zu retten, also laßt uns ne 70
Party feiern ..." [...]
(1999)

1.4 Benjamin von Stuckrad-Barre: Ironie

Meine Nachbarin bereitete mit ihren Freunden eine Demonstration vor. [...] Sie wollten gegen die Ironie demonstrieren, und das war nur allzu gut verständlich, die Ironie würde uns noch umbringen. Inzwischen war ja jedermann ironisch, man bekam, ob beim
5 Bäcker, in Zeitungen, im Fernsehen, in der Werbung, auf Anrufbeantwortern, in Einladungen, Regierungserklärungen, Postkarten oder in den Charts überhaupt nur noch ironische Auskünfte. Wäre das Leben eine Bruchzahl, dann würde man all die Ironie unterm und überm Strich einfach wegkürzen können, um danach etwas
10 klarer zu sehen. Sie saßen auf dem Wohnzimmerboden und bemalten Transparente.
[...] sie meinten es ernst mit der Demonstration und trotzdem auch ironisch, unterstellte ich. Schließlich zitierten sie formal Demonstrationen aus Zeiten, in denen, na ja, also, das waren doch
15 andere Themen gewesen. War es Kapitulation oder Klarsicht, die ihrem Transparentmalen zugrunde lag? Konnte man diese Form des Protests denn genauso sampeln wie alles andere, und war das nicht auch wieder ironisch? Wir waren uns ja alle einig, dass unsere jährliche Fahrt zur Love Parade nicht mehr und nicht we-
20 niger politisch war als unsere Fahrten ein paar Jahre davor nach Bonn mit einem KEIN BLUT FÜR ÖL -Transparent im Kofferraum. Es stand gar niemandem zu, einer Generation ihr Protestverhalten vorzuwerfen. [...] Die Ironie richtete schlimmeren Schaden an als der Lauschangriff, das war gewiss, aber wer würde sie ver-
25 teidigen und hernach ein ordentliches Feindbild abgeben? Und unsere Demonstration wäre ja auch nur eine Selbstanzeige, gewissermaßen. Wir zerstritten uns ordentlich. Das immerhin ging noch, dafür taugten Revolutionskommandos zu jeder Zeit. [...]
Ich kochte Kaffee, weil ich Tee trinken wollte wie alle anderen auch,
30 aber Tee war das Demonstrationsgetränk schlechthin, und dies zu kopieren wäre unmöglich gewesen, nämlich wieder ironisch. Vielleicht. Oder einfach nur lecker. Du, ich mach uns mal n Tee, das war doch Standardhalbsatz im allerbilligsten Spaßmacherrepertoire, und die Leute lachten gerne darüber, weil sie glaubten,
35 selbstironisch zu sein. [...]
(1999)

2 Literatur und Gegenwart

2.1 Jörg Magenau: Literatur als Selbstverständigungsmedium einer Generation

„Die Deutschen mögen ihre Gegenwartsliteratur nicht, weil sie ihre Gegenwart nicht mögen." Wer so spricht, ist natürlich ein Autor deutscher Gegenwartsliteratur. Der Satz ist raffiniert, versteckt er doch die gekränkte Eitelkeit eines Berufsstandes – nicht gelesen zu werden – hinter dem Befund eines pathologischen nationalen Selbstwertgefühls. Das ist, spricht man über „die Deutschen", nicht schwer. Kenner deutscher Befindlichkeit wissen, wie der Satz – er stammt von dem Münchner Autor Georg M. Oswald – weiterzudenken wäre: Die Deutschen mögen ihre Gegenwart nicht, weil sie ihre Geschichte nicht mögen. Und schon hätte man in der ungeliebten Gegenwart die verbrecherische Vergangenheit des Nationalsozialismus dingfest gemacht. Dass die Deutschen ein Volk von Eigenheimbesitzern und Autowaschanlagenbenutzern geworden sind, erscheint dann als gerechte Strafe dafür, dass sie im Nationalsozialismus ihre Kultur zerstörten, ihre Intellektuellen vertrieben und zu Völkermördern wurden. Was soll man also erzählen von der Gegenwart eines Volkes, dessen Wohlstand und Demokratie sich wie eine Speckschicht über die Geschichte legen? [...]
Und doch ist alles ganz anders. Die Gegenwart, in die Georg M. Oswald seinen Satz von der ungeliebten Gegenwartsliteratur hineingesprochen hat, liegt schon ein paar Jahre zurück. Inzwischen haben sich die literarischen Verhältnisse gründlich verändert. Selten zuvor hat die junge deutsche Literatur eine so große Aufmerksamkeit erhalten. Niemals zuvor erzielte sie so hohe Marktpreise und Auflagenhöhen, waren Debütanten eine so händeringend gesuchte Bevölkerungsgruppe. Das Interesse an der Gegenwartsliteratur ist so groß, dass man daraus schließen könnte, die Deutschen hätten ihre Gegenwart endlich zu schätzen gelernt und damit also auch ihre Geschichte. Immerhin gab es 1989 im Ostteil des Landes so etwas Ähnliches wie eine demokratische Revolution oder zumindest den friedlichen Konkurs eines vergreisten Staatsbetriebs: Ein historisches Ereignis mithin, auf das man sich beru-

fen kann. Eines der häufigsten Stereotypen in der Zeit nach der
35 Wende lautete: „Endlich sind wir wieder ein normales Volk!" [...]
Die Normalität, die nach 1990 in Deutschland so sehnsüchtig be-
schworen wurde, feierte in der Literatur ihren Siegeszug. Keine
Episode war plötzlich so unbedeutend, dass sie nicht ein wichtiges, aufbewahrungswertes Detail einer deutschen Vergangenheit
40 enthalten hätte. Kein Alltag war zu alltäglich, dass er nicht aufge-
schrieben worden wäre. Niemand war zu jung, um nicht schon
eine Vergangenheit zu besitzen. [...]
Bei ostdeutschen Autoren, die ihre Jugend noch in der DDR verbrachten, ist das offensichtlich. Weil die DDR verschwunden ist
45 und mit ihr so viele Dinge, Gewohnheiten und Lebensweisen,
haben sie um so mehr von ihr zu erzählen. Weil sie sich nach 1989
plötzlich in einem anderen Gesellschaftssystem wiederfanden,
können sie auf ihr früheres Leben wie mit fremden Augen blicken
und die Merkwürdigkeiten ihrer Sozialisation über den Abgrund
50 eines Zeitenwechsels hinweg betrachten. Aber auch den Absurdi-
täten der Warenwelt stehen sie weniger selbstverständlich gegenüber als ihre westdeutschen Kollegen.
Weniger beachtet als die postume Geburt der DDR aus dem Geiste des Erzählens ist die Tatsache, dass auch die alte Bundesrepub-
55 lik verschwand und in der Literatur eine merkwürdige Wiederauf-
erstehung feiert. Auch sie ging ja 1989 unter, wenn das auch nur
wenige wahrhaben wollten. Und weil die Kollegen im Osten mit
der literarischen Ausbeutung des eigenen Lebens so erfolgreich
waren, begannen auch junge westdeutsche Autoren bald damit,
60 die Geschichte ihrer Jugend in der bundesrepublikanischen Provinz zu erzählen. [...]
Es ist alles andere als ein Zufall, dass in den Neunzigerjahren, den
Jahren deutsch-deutscher Selbstbezüglichkeit, der Imperativ des
Erzählens aufkam und dass das, was da erzählt wurde, eigent-
65 lich immer nur eines war: das eigene Leben. Weil aber die reine
Selbstbezüglichkeit auf Dauer doch ein bisschen ermüdend ist,
machte neben dem „Ich" als Zentrum aller Literatur ein zweiter
Begriff eine erstaunliche Karriere: der Begriff der „Generation",
mit dem sich das Individuelle zum Exemplarischen veredeln lässt.
70 „Generation" wurde zum medialen Zauberwort der Neunzigerjahre. Je ähnlicher sich die Erinnerungen jugendlicher Autoren

waren, umso dringlicher wurde nach Unterscheidungsmerkmalen gesucht, so dass sich die Generationen bald im Jahrestakt ablösten. [...]

(2001)

2.2 Juli Zeh: Vom Verschwinden des Erzählers im Autor

[...] Die Ich-Erzählung ist keine Erfindung des letzten Jahrhunderts. Es gab sie schon immer und in allen Variationen: Das ICH kann Hauptfigur des Geschehens sein oder peripherer Beobachter, es kann ein Erlebnis aus der Erinnerung berichten oder vom Hörensagen, es kann nur im ersten oder letzten Satz einer Erzählung auftauchen oder in jeder Zeile. Wie alle im Deutschgrundkurs gelernt haben, gilt für die ICHs aller Zeiten ein gemeinsamer Nenner: Sie sind nicht mit dem Autor identisch. 5

Sind sie nicht? Der Altersunterschied zwischen ICH und seinen Schöpfern und Schöpferinnen bewegt sich meist innerhalb einer Spanne von wenigen Jahren. In den Geschichten wird gebadet und Taxi gefahren, Geburtstag gefeiert in einer Cocktailbar, Lady Di stirbt, RTL läuft, Vater oder Mutter haben eine Meinung dazu. Das ICH ist deutsch und hat meistens keinen Beruf, fast möchte man vermuten, dass es noch studiert. Oder gar Schriftsteller ist. 10

Beim Lesen entsteht ein unbehagliches Gefühl. Es liegt nicht an mangelnder Abwechslung aufgrund der immer gleichen Erzählhaltung, sondern am schleichenden Verdacht, bei ICH handle es sich eben doch nicht um eine literarisch notwendige Konstruktion, sondern um die Stimme des Autors selbst. [...] 20

Wer dem ICH zu entkommen versucht, landet [...] im Regelfall bei der personalen Erzählhaltung: ICH wird umgetauft in Sylvie, Ulli oder Nette, manchmal auch nur in „Er" oder „Sie". ER, der über die Straße geht, lacht, guckt, fühlt und denkt, trägt beim Erleben und Wahrnehmen die Kamera als Erzählperspektive mit sich herum. Der Blick auf die vom Text geschaffene Welt bleibt eingeschränkt durch das Schlüsselloch einer subjektiven Wahrnehmung. 25

[...] Klar: eine objektiv zugängliche Wirklichkeit gibt es nicht. Aber warum sollte diese Erkenntnis dazu zwingen, literarisch nur noch aus der Subjektiven zu erzählen? 30

149

„Der Mann ohne Eigenschaften, von dem hier erzählt wird, hieß Ulrich, und Ulrich – es ist nicht angenehm, jemand immerzu beim Taufnamen zu nennen, den man erst so flüchtig kennt! – hatte die erste Probe seiner Sinnesart in einem Schulaufsatz abgelegt,
35 der einen patriotischen Gedanken zur Aufgabe hatte. Patriotismus war in Österreich ein ganz besonderer Gegenstand."
Jeder einzelne Satz aus Robert Musils unvollendetem Roman kann als Paradebeispiel herhalten für den Tonfall einer Stimme, die weder einem ICH noch einem personalen ER zugeordnet ist:
40 An- und Einsichten des Romans sind nicht solche der Figuren. Das literarische Personal wird am langen Arm des epischen Abstands zu der ihm eigenen Subjektivität geführt: „Über die Zeit bis dahin vermochte Ulrich heute den Kopf zu schütteln." Der Text bleibt Text, Ulrich bleibt Ulrich und damit eine literarische Konstruktion.
45 Das ist strenge und vielleicht manchmal schwer verdauliche Trennkost im Vergleich zum Kochtopfrezept der neuen ICH-Erzäh-lung, die Autor, Figur und Leser auf kleiner Flamme zu einer ge-schmeidigen Masse verrührt. [...]
Ein auktorialer Erzähler stellt die Ereignisse aus der Vogelpers-
50 pektive dar, unabhängig vom Wissensstand einzelner Figuren, in Ort und Zeit nicht zwingend an deren fiktive Biografien gebunden. Das aber müsste in lakonischen Fünf-Wörter-Sätzen oder im ver-träumt-sarkastischen Prenzlauer-Berg-Duktus genauso möglich sein wie mit seitenlanger Schachtel-Syntax. Trotzdem ist die An-
55 sicht weit verbreitet, man könne „so", nämlich wie Robert Musil oder Thomas Mann, „heutzutage" nicht mehr erzählen.
Es muss daran liegen, dass junge Autoren sich nicht wohlfühlen in der auktorialen Haut. [...]
In Wahrheit haben wir Höhenangst. Uns ist der Wille zur Draufsicht
60 verloren gegangen. In der Vogelperspektive wird uns schwindlig. Der Erzähler berichtet seinen Lesern von der Welt. Zunächst von der selbst geschaffenen, und über diese auch ein kleines Stück von der wirklichen Welt. Er gibt vor, etwas davon zu verstehen, und vielleicht versteht er wirklich etwas.
65 „Der Patriotismus ist in Österreich ein ganz besonderer Gegen-stand" – wer würde es heute noch wagen, einen solchen Satz zu schreiben? Ein Historiker. Ein Essayist vielleicht oder der Politik-Redakteur einer überregionalen Tageszeitung. Sätze dieser Art

sind für Sachverständige, für Ethik-Experten, Gentechnologen und Wirtschaftsspezialisten. 70

Ein Schriftsteller würde schreiben: „‚Der Patriotismus', sagte der Typ mit dem Backenbart, ‚ist in Österreich ein ganz besonderer Gegenstand.' In den Haaren über seiner Oberlippe hing ein gelblich angetrockneter Tropfen: Dotter vom Frühstücksei. Ich konnte meine Augen nicht davon abwenden." [...] 75

(2004)

2.3 Anna Mitgutsch: Zeitgenossenschaft des Autors*

Im allgemeinen weisen Autoren die Zumutung, dass ihre Literatur zu irgendeinem anderen als einem Selbstzweck geschrieben wurde, zurück. [...] Diese Abwehr ist eine Antwort auf den Druck der Öffentlichkeit, auf ihre Forderung, dass die Kultur, auch die Literatur, einem allgemeinen Nutzen diene und ihre Relevanz unter 5 Beweis stelle. Dennoch wissen wir, dass wir nicht nur für uns selber schreiben, auch wenn wir diese Fiktion während des Schreibens aufrechterhalten müssen, sie geradezu eine Vorbedingung unserer Kreativität ist, eine Garantie gegen die Beschränkung durch eine antizipierte Erwartungshaltung. [...] 10

Ein gewisses Maß an rezeptionsästhetischem Kalkül geht wohl auch bereits in die Vorüberlegungen und in den Arbeitsprozess ein. Wir stehen mitten im Literaturbetrieb, wir sind uns seiner Strömungen und Zwänge oft stärker bewusst, als für unsere Kreativität gut ist. Wir stehen dem Zeitgeist als einer Irritation, einer 15 Ablenkung, aber auch als einem Einfluss gegenüber, dem wir uns nicht entziehen können. Wir wissen zwar von der Forderung nach der Widersetzlichkeit der Kunst, aber dem Druck des Zeitgeistes geben wir dennoch oft genug nach, oft auch ohne es zu bemerken. Wir suchen nach dem Neuen, noch nie Dagewesenen, nicht immer 20 weil es sich aus dem Werk zwangsweise ergibt, sondern um aufzufallen. Wir liebäugeln mit dem Unterhaltungswert unserer Texte und fragen uns besorgt, ob das Thema auch *in* ist. Es gibt auch die Meinung, Kunst müsse dem Zeitgeist am Puls, besser noch: ihm voraus sein, ja sie müsse den Zeitgeist bewusst verkörpern. Damit 25 schließt sich der Autor gefügig der Erwartungshaltung des Publi-

kums und des Marktes an und wird dafür mit öffentlicher Aufmerksamkeit belohnt. Wir wissen zwar, dass Literatur, die sich von außerhalb der Kunst liegenden Kriterien einspannen lässt, sei es
30 einer Ideologie oder auch dem Bedürfnis nach Unterhaltung und
Entspannung, sich auf das Niveau ihrer Zeit begibt und daher ihrer
Zeit verhaftet bleibt, aber der Horizont der Zeitgenossen ist eben
auch der unsere. Die Autorität des Erzählers als literarische Fiktion
wird oft genug von den realen Bedürfnissen und Zweifeln des Au-
35 tors in Frage gestellt. Und oft ist es auch die Erwartungshaltung
der Öffentlichkeit, die uns über die Schulter schaut und mitredet.
Die Umtriebigkeit der Literaturszene und des Marktes greift in den
literarischen Arbeitsprozess ein und wirkt öfter hemmend als an-
regend. Auf der einen Seite steht da die geradezu hysterische
40 Suche von Verlagen und Kritikern nach dem neuen Ton, der vielleicht zu Neuentdeckungen, aber ebenso oft zu überbewerteten
Einbuch-Autoren führt. Auf der anderen Seite wird uns unentwegt
die irritierte Frage gestellt, wie wir der neuesten Entwicklung unserer Zeit Rechnung zu tragen gedächten. Als ließe sich beim
45 Schreiben irgendetwas erzwingen, als ließe sich ein Rezept, das
mit unserem eigenen Standort unvereinbar ist, befolgen. [...]
Wir sollten uns nicht einreden, die Rezeption der jeweils zeitge-
nössischen Literatur sei nicht dem Diktat von Moden unterwor-
fen. Was sich als absoluter Wert, als die neue und gültige Weise,
50 Wirklichkeit wahrzunehmen und zu gestalten, ausgibt, ist aus dem
Rückblick oft nur eine neue Konvention. Wir sind, trotz aller vor-
geblicher Kritikbereitschaft, so sehr in den Konventionen des Zeitgeistes gefangen, dass wir dessen nicht einmal gewahr werden.
55 Der Zeitgeist kann nur hinterher, aus der historischen Perspektive
erfasst werden, oder vom Rande her, aus der Sicht der Fremdheit
und Entfremdung von ihm. [...]
Es sind die Leser, die eine Botschaft einfordern, es ist nicht die
60 Literatur, die auf ihr besteht. [...] Alles, was Autoren unter Be-
weisnotstand vor Kassettenrecordern und Mikrofonen sagen,
alle nachgereichten Legitimierungsversuche eines Buches sollten
nicht davon ablenken, dass es in der Literatur keine Rezepte gibt,
und dass sie weder pädagogische noch politische Aufgaben zu
65 erfüllen hat, dass sie zu gar nichts verpflichtet werden kann.
(1999)

III Vom Erzählen erzählen

1 Judith Hermann: Leerstellen – Räume für Leserfantasien*

Ich wusste eigentlich nicht viel, als ich angefangen habe zu schreiben, aber mir war klar, dass ich mit Leerstellen arbeiten will. Das lag vielleicht auch an bestimmten Erzählungen, die ich vorher gelesen hatte. Ich wusste, dass ich nicht psychologisieren wollte, dass ich nicht spektakulär erzäh-5 len wollte und dass ich keine Sensationen erzählen wollte. Ich 10 wollte Geschichten, die irgendwo anfangen, ein Stück gehen und dann wieder aufhören. Ich durfte keinen großen Bogen machen. Wie man das macht, davon hatte ich keine genaue Vorstellung. Ich habe einfach die Augen zugemacht und gedacht: Es geht irgendwie. Und zumindest die zweite Fassung jeder Geschichte kam 15 meiner Vorstellung sehr nahe. In der ersten Fassung schlug das Sentimentale, das Bedürftige durch, und es geschah doch immer etwas ganz Dramatisches und Spektakuläres, wo ich am Ende gemerkt habe, dass ich genau das einfach wegstreichen kann, dass sich durch diese Leerstelle die Geschichte erst wirklich formt. 20 Vielleicht doch ein bewusstes Einsetzen oder Auslassen. Ich habe mir gewünscht, dass es mir gelingen würde, immer eine Ahnung von etwas aufkommen zu lassen, etwas durchscheinen zu lassen, ohne dass ich es wirklich und explizit sagen muss. Die einzige Geschichte, in der mir das nicht gelungen ist, ist „Sonja" – erstaun-25 licherweise ist das die Lieblingsgeschichte der Leser. Manchmal stehen auf Lesungen Leute vor mir und fragen: „Wie ist die denn? Und wo ist die jetzt?" Das ist sehr absurd.

(21. 05. 1999)

2 Felicitas Hoppe: Schreiben hat sehr viel mit Diskretion zu tun / Erste Sätze ...*

2.1

Für mich ist Schreiben eine Sache, die sehr viel mit Diskretion zu tun hat, und das muss jeder behan- deln, wie er will. Es gibt Schreiber,
5 die ganz und gar das Gegenteilige tun. Es ist nicht so, dass ich nichts von mir zeigen oder preisgeben möchte, sondern es ist vielmehr der Punkt, dass ich es nicht in-
10 teressant finde. Diese Vorstellung, sich hinzusetzen und seine Lebensgeschichte aufzuschreiben, ist für mich so ungefähr das Langweiligste, was ich mir denken kann. Die Gegenwartsliteratur wimmelt von Kindheitsgeschichten – ich selber habe in „Picknick der Friseure" ja ganz viele Geschichten darin angesiedelt –, aber
15 für mich ist das einzig Wichtige am Schreibtisch, dass man über den Tatbestand hinauskommt. Das ist natürlich auch eine Flucht- bewegung: Man will mit dem Text über das, was wirklich da ist, hinwegspringen, und etwas anderes an die Stelle setzen. Beim zweiten Buch war dieses Problem für mich viel größer. Bei „Pick-
20 nick der Friseure" bin ich in einer realen Fantasiewelt, wohin- gegen „Pigafetta" zumindest noch ein reales Erlebnis zugrunde liegt und ich deshalb dieses Diskretionsproblem in besonderer Weise hatte – ich habe überlegt, wie ich überhaupt mit Material verfahre. Ich muss ganz ehrlich sagen, dass ich erstaunt bin, mit
25 welcher Leichtfertigkeit manche Autoren über das Material der so genannten Wirklichkeit verfügen und mit welcher Leichtfertigkeit sie es verwenden. Viele scheinen keine Skrupel zu haben, sich aus diesem Laden zu bedienen – zu Recht, wenn man den Verbrau- cher betrachtet. Die Leser wollen ja nicht Unbekanntes, sie wollen
30 Bekanntes und Vertrautes und suchen Identifikationsflächen. In dieser Hinsicht sind meine Texte nicht besonders entgegenkom- mend.

2.2

Erste Sätze fallen mir manchmal, wenn ich Glück habe, einfach so
ein. Ich bin kein Notierer. Ich wette, ich habe Hunderte von ersten
Sätzen aus der Arroganz heraus, dass ich einen unerschöpflichen
Fundus habe, verloren. Erste Sätze fallen mir zu, manchmal viel
zu viele. Ich gehe manchmal umher und merke, dass ich anfange,   5
im Kopf zu schreiben, als säße ich am Schreibtisch. Aber das ist
eine Eigendynamik des Kopfes, das geht meistens wieder verloren. [...]
Es gibt zum Beispiel eine Geschichte in „Picknick der Friseure",
„die Wichte", wo ich ein halbes Jahr lang nur den Anfang hatte: 10
„Als ein Kleiner und eine noch Kleinere ..." Weiter ging das aber
nicht. Ich wusste nicht, wo die herkommen, wo die hingehen
oder wo ich die platzieren soll. Aber ich hing an der Wendung. Da
kommt natürlich die Frage auf, ob eine Wendung die Legitimation
für einen ganzen Text sein darf. Aber ich kann ja nicht nur Wendun-   15
gen veröffentlichen, das nimmt mir keiner ab.

(03. 12. 1999)

3 Thomas Hürlimann: Schreiben als Verwandlung / Die Enge als Fantasiemaschine*

3.1

Das ist vielleicht ein zu großes
Wort, aber ich glaube, dass die
Verwandlung sehr viel mit dem
Schreiben zu tun hat. Erst mal an
der Oberfläche: Wenn ich in einem   5
Stück Personen beschreibe, dann
muss ich in diesen Personen auch
leben. Ich habe einen Nachbarn,
der mich mal gesehen hat, wie ich
hinter unserer Katze her durch den Wald krieche, auf dem Bauch.   10
Ich wollte sehen, wie eine Tanne aus der Katzenperspektive aussieht, und habe genau diesen Blickwinkel eingenommen – der
Nachbar hat nachher meine Frau gefragt, was mit mir los sei, und
denkt heute noch, ich sei verrückt. Natürlich ist das eine kleine

15 Form der Verwandlung, zu schauen, wie aus dem Blickwinkel der Katze die Welt aussieht. Das gelingt aber nicht immer, gelingt mir aber häufig als Leser. Ich habe das schon kontrolliert: Wenn ich jetzt zum dritten Mal „Effi Briest" lese, habe ich gedacht, werde ich am Schluss, wenn sich dieser Hund auf Effis Grab legt, nicht
20 heulen. Ich kenne ja alles und weiß auch mittlerweile, mit welchen Tricks das gemacht ist. Ich lese das also, und die Tränen kommen wieder. Natürlich ist das eine Art der Verwandlung. Ich gehe in diesen Text hinein, und der Text macht etwas mit mir. Wenn das beim Schreiben immer so wäre, wäre es schön, aber es gelingt
25 mir selten.

3.2

Die Enge ist immer auch eine Fantasiemaschine. Solche Sätze sage ich aber auch, weil ich mich manchmal über Kollegen aufrege, die sagen: Wir müssen in Paris oder New York leben, nur dann können wir die Welt beschreiben. Die Welt kann man auch
5 beschreiben, wenn man nur vor dem eigenen Fensterbrett sitzt und beobachtet, was die Fliegen tun. Es geht ja nicht um die Welt, es geht um ihre Beschreibung. Wie werden die Sätze gut, das ist mein Interesse. Und diese großartigen Behauptungen, man müsse ein Weltmann sein, um einen Weltroman zu schreiben,
10 stören mich manchmal. Da ist mir Flaubert lieber, der gesagt hat, man müsse äußerlich wie ein Buchhalter leben, um die Abenteuer im Inneren auszuleben. Diese Abenteuer im Inneren haben tatsächlich etwas mit dem Text zu tun. Die Hemingwaysche Variante – dass man Haifische fischt und Flugzeugabstürze überlebt – halte
15 ich für eine Ausnahme. Das ist eine Diskussion, die auch etwas mit unserem Land zu tun hat. Einen Robert Walser, der ganz kleine Texte geschrieben hat, über eine Schneeflocke zum Beispiel, halte ich für einen größeren Dichter als all jene, die gesagt haben, wir müssen das Ganze der Welt erfassen.

(12. 07. 1999)

4 Zoë Jenny: Der Schreibprozess als Reduktion*

Ein Ziel meiner Texte ist, dass die Sprache für sich selbst spricht, die Geschichte für sich selbst da steht. Ich erkläre meine Figuren nicht, sondern mache sie so le- 5 bendig, dass sie es nicht benöti- gen, dass ich sie erkläre. In allen Büchern, die ich mag, erkenne ich das wieder. Es ist eine Grundvor- aussetzung für mich, an der sich 10 zeigt, ob jemand schreiben kann –

wenn der Autor nicht dem Leser beibringen muss, wie er zu lesen hat und verstehen muss. Ich musste das natürlich erst einmal für mich verstehen. Im Prozess des Schreibens muss am Ende alles Überstehende weg sein. [...] 15

Ich schreibe von Hand – das ist eine Bewegung, die geht vom Kopf über den Arm in die Hand –, dann auf der Schreibmaschine und dann auf dem Computer: drei Durchgänge. Ich kann nicht auf dem Computer etwas erarbeiten, nur etwas zu Ende bringen. Ich versuche, jeden Tag zu arbeiten, obwohl ich das meiste dann 20 nicht gebrauchen kann. Diese Kontinuität ist aber wichtig. Dann gibt es auch diese Anfälle. Das zweite Buch habe ich in einer Art von Anfall geschrieben. Gut, ich habe das Buch schon angefan- gen, als ich das erste beendet hatte, Skizzen gemacht. Aber das anfallartige Schreiben passierte in ungefähr vier Wochen, und da 25 habe ich wirklich nichts anderes gemacht, als mich Tag und Nacht damit beschäftigt. In der Nacht habe ich mehr entwickeln können. [...] Wenn die Leute dann aufstehen, falle ich totmüde um, schlafe ein paar Stunden, und dann geht es weiter. Das ist aber nicht der Alltag, sondern ein Anfall. 30

(07. 11. 1999)

5 Burkhard Spinnen: Der Weg von der Inspiration zum Text*

Ich glaube, das es in allen Produktionsvorgängen einen langen Weg von der gestaltlosen Inspiration hin zum fertigen Text gibt. Es gibt nur sehr verschiedene Arten, wie dieser Weg beschritten wird. Es gibt sicher Kolleginnen und Kollegen, die damit Recht haben, wenn Sie sagen, sie schreiben alles schnell auf – und dann ist es gut. Ich nicke dazu. Aber ich glaube viel eher, dass sie die Varianten vorher im Kopf erwogen haben. Deswegen ging das Schreiben so schnell. Bei mir hingegen sind sehr viele Varianten durch Korrekturen auf dem Papier nachvollziehbar – sie sind jetzt nicht mehr nachvollziehbar, weil ich gleich am Monitor korrigiere und auch nicht jede Fassung von jedem Text abspeichere. Die Ansicht, dass grundsätzlich keine kontrollierte oder zumindest organisierte Instanz zwischen einer namenlosen, gestaltlosen Inspiration und dem Text sei, die halte ich für eine Kampfparole, die sich im 18. Jahrhundert etabliert hat, um den Sonderstatus und die Autarkie der Literatur gegenüber der barocken Vorstellung von der kunstgewerblichen Machbarkeit durchzusetzen. Vielfach tun Autorinnen und Autoren ja auch bis heute gut daran, diesem radikalen Geniegedanken anzuhängen, weil er ganz gut taugt, die Autonomie der Literatur rasch, verständlich und schlagend zu behaupten. Aber wie gesagt, ich halte es für eine Art Kampfargument, für eine rhetorische Maßnahme gegenüber dem Angriff, der lautet, Literatur sei wie alles andere zu „verfertigen", es gebe allgemeine Regeln, und nach denen brauche man sich bloß zu richten. Dagegen wird dann die Rolle der unkontrollierten Spontaneität, der unauflösbaren Individualität aus taktischen Gründen so hoch angesetzt. Natürlich gibt es viele Autorinnen und Autoren in der Literaturgeschichte, die sich ganz an dieser Parole ausgerichtet haben. Ich höre allerdings ganz gern die Geschichten, in denen Selbsteinschätzung und objektive Umstände auseinander klaffen.

(05. 06. 1999)

6 Christoph Ransmayr: Die Erfindung der Welt

[...] Auf dem Weg ins Innere sei- ner Geschichte, schon bei der Beschreibung eines Abendspa- zierganges, beispielsweise durch eine nördliche Küstenstadt, kann ₅ ein Erzähler auf lange Reihen be- merkenswerter Fragen stoßen, Fragen etwa der Wetterkunde, der Geschichtsforschung, Anthropo- logie und Zoologie und weiter, bei der bloßen Beschreibung der ₁₀ nächtlichen Steilküste und schlafender Schwärme von Papageien- tauchern, auf Fragen der Vogel- und Gesteinskunde, der Botanik und Astronomie ... Und vielleicht wird der Erzähler dann, auf dem Weg ins Innere seiner Geschichte, die Archive, die Bibliotheken und Wissenschaften befragen, um sich Klarheit über die geschicht- ₁₅ lichen und naturgeschichtlichen Umstände des Daseins einzelner Menschen, seiner Gestalten, Tiere und Dinge zu verschaffen.

Aber selbst wenn er auf jede Nachforschung verzichtet und sagt: Mir genügt das Meinige, ich spreche von mir, nur von mir, ich spreche nur vom Allervertrautesten, nur von dem, was ich allein ₂₀ und am besten weiß – selbst dann erscheint einem Erzähler die Welt noch einmal anders und neu – muss er sich doch auch der einfachsten Dinge, mit denen er seine Geschichte beginnen will, erst vergewissern. An diesem Anfang, an seinem Anfang soll zum Beispiel ein Dorf in einer Regennacht liegen, die Straße men- ₂₅ schenleer, ein paar erleuchtete Fenster, oder nein, keine Regen- nacht, sondern Winter. Es soll Winter sein. Die leeren Felder, die Gärten, alles verschneit.

Aber welcher Zauber, welche Kraft wird wirksam, wenn auch nur ein einziges Haus dieses Dorfes oder der bloße Schnee *zur Spra-* ₃₀ *che gebracht* werden, sich in Worte verwandeln soll – und welcher Zauber erst recht, wenn am Ende der dunklen Straße ein Mensch erscheint. Ist es ein Mann? Ein Greis?

Wovon immer er spricht – in seiner Geschichte, in seiner Sprache muss der Erzähler alle Welt noch einmal erfinden, noch einmal ₃₅ und immer wieder erschaffen und darf dabei doch nicht viel mehr voraussetzen als die Aufmerksamkeit seiner Zuhörer, seiner Leser, nichts als die Stille, in der er endlich zu sprechen, zu erzählen, zu schreiben beginnt:

40 *Es war spätabends, als K. ankam. Das Dorf lag in tiefem Schnee. Vom Schlossberg war nichts zu sehen, Nebel und Finsternis umgaben ihn, auch nicht der schwächste Lichtschein deutete das große Schloss an. Lange stand K. auf der Holzbrücke, die von der Landstraße zum Dorf führte, und blickte in die scheinbare Leere*
45 *empor.*

Die ersten Sätze. Mit den ersten Sätzen hat sich der Erzähler von der unendlichen Zahl aller Möglichkeiten einer Geschichte gelöst und sich für eine einzige, für seine Möglichkeit entschieden und hat unter allen möglichen Schauplätzen, Zeiten und Personen sei-
50 nen Platz, seine Zeit, seine Gestalt gefunden. Jetzt, endlich, quält es ihn nicht mehr, dass der ungeheure Rest der Welt unausgesprochen, unerzählt an ihm vorübertreibt. Denn er hat seine Geschichte begonnen, seine einzige, unverwechselbare Geschichte und entdeckt in ihr nach und nach alles, was er von der Welt weiß,
55 was er in ihr erlebt, erfahren und vielleicht erlitten hat. Und während er zu schreiben beginnt, wird ihm die Welt zu einem vollkommen stillen Raum.
[...]
Das Ende. Was für eine Stunde, was für ein Tag, an dem ein Er-
60 zähler einen letzten Satz findet, den Ausgang, und aus seiner Geschichte heraustreten und zurückkehren muss an die Ränder der Welt. Aber dort, in jenem Stimmengewirr, das sich nun, nach einer kurzen oder längeren Stille, erhebt, in einem Chaos fragender, lobender, trauriger, begeisterter, verständnisloser oder gehässiger
65 Stimmen, die ihn plötzlich bedrängen und seine Geschichte weitererzählen, kommentieren oder ganz einfach überschreien, kann und darf der Erzähler nicht bleiben, was er eben noch war. Denn während alle anderen Stimmen lauter und lauter werden, verliert ausgerechnet er die seine. Er hat eine Geschichte zu Ende erzählt.
70 Was soll er jetzt und dazu noch sagen.
(2003)

160

IV Texte in der Kritik

1 „Das Unerfreuliche zuerst" – Sibylle Bergs „Herrengeschichten" kontrovers rezensiert

1.1 Jochen Zwick: Aufgeblasene Mannsbilder

Der Titel von Sibylle Bergs Erzählband ist nicht schlecht gewählt, verspricht er doch mit ironischer Nonchalance („Das Unerfreuliche zuerst") Aufschluss über einen sozialen Typus, den man bereits ausgestorben wähnte: den selbstgewissen, souverän alle Fährnisse des Lebens meisternden „Herrn". Tatsächlich bekommen 5 wir jedoch lediglich ein Panoptikum von Tölpeln und Besessenen vorgeführt: den alternden Vorstadt-Casanova, den arbeitssüchtigen Jungunternehmer, den naiven Liebenden – und was es an Irrenden und Suchenden sonst noch gibt. Nicht einmal den notorischen Malocher der späten Wirtschaftswunderjahre hat Sibylle 10 Berg ausgelassen.

Die Enttäuschung ließe sich sicherlich verwinden, stellten sich nicht die vermeintlichen „Herren" recht bald nicht nur als arme Tröpfe heraus, sondern genau besehen als Pappkameraden, eigens zusammengebastelt und grotesk aufgeblasen, um als Exempla 15 pla einer eher schlichten Moral in Stücke geschlagen zu werden. Demnach macht das Leben mit uns, was es will, und erweist sich bei genauerer Betrachtung als durchaus fragwürdiges Unterfangen mit geringen Erfolgsaussichten und zweifelhaftem Unterhaltungswert. Als verlogen und eitel stellt sich insbesondere das 20 angestrengte Bemühen von Männern heraus, dem Leben eine Bedeutung unterzujubeln, die sich unwiderlegbar mit ihrem Eigensinn verbindet.

Doch selbst das hätte noch Stoff für eine Handvoll kleinerer Geschichten abgegeben, hätte Sibylle Berg genug Vertrauen in ihre 25 Leser gesetzt und einfach nur erzählt. Herausgekommen sind jedoch Parabeln, die umso durchsichtiger sind, je abgründiger sie sein möchten. Ihre Deutung wollen sie auf keinen Fall dem Zufall überlassen und liefern sie deshalb gleich mit. Dementsprechend klingen die „Herrengeschichten" dann auch. Zwar findet Berg zu- 30

weilen schöne und überraschende, dabei auch riskante Bilder – so
wie das von „dem süßen Brei, den Verliebte aus ihren Mündern
lassen, um sich darauf zum Schlafen zu legen". Aber zu unvor-
bereitet tauchen sie in einer sonst eher kunstlosen sprachlichen
35 Umgebung auf und sind, wie die Geschichten selbst, zu kalkuliert,
um überzeugen zu können.

In: Neue Zürcher Zeitung vom 08. 11. 2001

1.2 Klaus Harpprecht: Und plötzlich ist Stille

Sibylle Berg, die sich in ihren ersten Romanen gern in schriller
Drapierung vorführte – Vamp, Punk, Bürgerschreck, Femme fata-
le und weiß der Teufel, was alles –, konnte ihren Lesern niemals
völlig verheimlichen, dass sich hinter der Kälte ihrer Geschichten
5   ein diskretes Mitleid mit den Kreaturen regte, die sie peitschen-
knallend über die Bühne jagte. [...]
Das neue Werk kam eher leise des Wegs, im unscheinbaren Ge-
wand eines KiWi-Bandes – der Unterschied zu dem überdrehten
Divenfoto mit Dogge, das für ihren letzten Roman (erschienen
10 im Verlag Hoffmann und Campe) auf dem Umschlag warb, konnte nicht krasser sein. Nun ist der Ton seltsam gedämpft, und die
Worte sind behutsam, mit klug berechneter Beiläufigkeit ineinander geflochten, schon in der ersten Erzählung, die den Titel *Ruhe*
trägt. [...]
15 Melancholie, Verlangen nach Liebe, Trauer um verlorene Liebe,
das flüchtige Glück, Warten auf den Tod und Angst vor dem Tod,
beschädigtes Leben hinter Kleinbürgertapeten in halb leeren Zimmern, Blick auf den Hof mit Baum oder auch keinem, in den trost-
losen Städten der Tropen, auf weltentlegenen Inseln: „Die Tage,
20 die immer gleich sind, auf einer Schnur aufgereiht, zählen die Zeit
nicht."
Sibylle Bergs Sprache ist so unaufdringlich geworden, dass dem
Leser keine Wahl bleibt: Er folgt ihren Worten geduldiger als
zuvor, hört ihr mit hochgestellten Ohren zu. Ihre literarische Häu-
25 tung, die nicht nur ein flüchtiges Experiment zu sein scheint, tarnt
sie mit einer Geschlechtsumwandlung. Herrengeschichten nennt
sie ihren Erzählband im Untertitel: eine spöttische Irreführung

der Kundschaft, die an Herrenabende und an Herrenwitze denken soll. Zwar entspricht die zweite Geschichte so exakt dem klebrigen Männerklischee des puritanischen Feminismus, als wolle sie sich über ihn lustig machen: die Jahreschronik einer Fickmaschine, die dem Wesen Frau nur eine Funktion zubilligt – die der „warmen Bettflasche mit feuchten Öffnungen". 30

Aber je weiter die Erzählungen in die maskuline Welt vordringen, umso tiefer kriecht sie in die Seelen der Männer, in denen die unerfüllten Hoffnungen – oder, noch schlimmer, die erfüllten – genauso melancholisch dahinwabern wie in denen der Frauen. Sie nimmt an ihren Fluchtversuchen teil, folgt dem Aussteiger auf seine Insel, der dort keine andere Wahrheit findet als sich selber („und das ist eine langweilige Sache"). Sie schaut den Journa- 40 listen auf die Finger, die fremde Leben an sich reißen: „Wie Aasfresser von anderen Leben zu leben macht sie zu Säufern oder Zynikern, meist beides. Und böse." [...] 35

Das Glück, das wie eine Lichtspiegelung vor uns davonläuft. Die Liebe, die sich so leicht „abnutzt, Flecken bekommt zwischen 45 Autos und Straßen und Büros und Steuern und Unglück". Die es vielleicht gar nicht gibt, „oder höchstens einmal, und das eine Mal liegt vor mir und schläft. Wie fast alle, die ich kenne, habe ich Grund zur Angst vor der Liebe. Der wirklichen." Denn „wenn man sie kennen lernt, die Liebe, muss man stark sein dafür, sonst 50 bringt sie einen um, wie zu viel Heroin ... Vielleicht hat es damit zu tun, dass wir einer geliebten Person gegenüber verstehen, wie wenig wir sind."

Keiner der Herren, die keine Herren sind, sondern Männer, vielmehr Menschen fast wie die Frauen, aber auch keine der Frauen 55 wird beim Namen genannt. Dennoch sind ihre Gesichter erkennbar. Schreiben konnte Sibylle Berg schon immer – manchmal virtuos wie der Teufel (oder wie eine Teufelin) –, wenn sie denn wollte. Nun ist sie bei sich angekommen. Ein zweites Debüt. Vielleicht fängt sie erst richtig an. 60

In: Die ZEIT vom 21. 02. 2002

2 Verriss und Würdigung von Christoph Heins Erzählband „Exkursion eines Kalbes und andere Erzählungen" politisch motiviert?

2.1 Karin Saab: Überschätzt und überfordert

Dass ein Buch in der literarischen Öffentlichkeit weitgehend auf Ablehnung stoßen wird, mag so mancher Belletristik-Verlag einplanen. Dieses Buch aber scheint wie geschaffen dazu, das Renommee eines namhaften Schriftstellers in seinen Grundfesten
5 zu erschüttern. Mit keiner der 16 Erzählungen, die Christoph Hein zwischen 1977 und 1990 schrieb und die in diesen Tagen im Buchhandel erscheinen, lässt sich für die DDR-Literatur nachträglich ein gutes Wort einlegen. Schlimmer noch: Worin, wird sich so mancher Leser fragen, bestand eigentlich die künstlerische
10 Potenz des in den 80er Jahren so überaus erfolgreichen Autors Christoph Hein? [...]
So authentisch Gegenwartsprosa durch das Aufgreifen von Klischees und einfallslosen Redewendungen auch werden kann, die Klischees und die sprachlichen Floskeln müssen vom Autor be-
15 herrscht werden. Christoph Hein ist ihrer nicht mächtig. Ist er uns den Beweis schuldig, dass er den Ansprüchen des sozialistischen Realismus niemals genügte?
Das von ihm für die Titelgeschichte gewählte erzählerische Strickmuster ließ dem Autor zwei Möglichkeiten, die Verzweiflung
20 seines Helden in Handlung umzusetzen: Tod oder Ausreise. Kälberbrigadier Sawetzki wird wegen versuchter Republikflucht ins Gefängnis gesteckt und dann, „ohne sein Kind oder das Dorf noch einmal gesehen zu haben, in die Bundesrepublik Deutschland abgeschoben". Dass ein bekannter DDR-Schriftsteller seinerzeit
25 einen solchen „kritischen" Fall notiert hat, macht seinen Text heute noch lange nicht lesenswert. Dass „einige der Geschichten", so die Verlagsankündigung, „so sehr an den Nerv der Gesellschaft rührten, dass sie in der DDR nicht veröffentlicht werden konnten", lässt eine folgenschwere Diskussion in den Feuilletons befürchten: Hat
30 der deutsch-deutsche Literaturbetrieb Christoph Hein aufgrund des hohen politischen Stellenwertes der Schönen Künste in der DDR als Literaten überschätzt? [...]

Worüber Christoph Hein auch „eindringlich berichtet" (so umschreibt der Verlag den Stil), es liest sich, als stamme seine geballte Lebenserfahrung aus dem Fernsehen. Denn auch die restlichen 35
Kurztexte ähneln, was den Grad ihrer Bearbeitung betrifft, eher Notaten oder Exposés. Ob der Stoff sich mehr für Dokumentar- oder für Spielfilme eignet, bleibt offen. Die meisten Motive sind weder originell noch zeitgeschichtlich wirklich brisant. Auf letzterem beruhte Heins durchschlagender Erfolg als Theaterautor. Er 40
übte, in Parabeln verpackt, jene Gesellschaftskritik, wie sie durch das Engagement von Theaterleuten in den 80er Jahren opportun wurde. In einer Zeit aber, in der Anspielungen per se noch nicht als Literatur gelten, sind tausendfach gespielte Stücke wie „Die Ritter der Tafelrunde" wertlos wie abgestandener Kaffee. 45
Sollte Christoph Heins Kunst in der Tat schlechter sein als ihr Ruf, ist das noch lange kein Grund, ihn mit einer solchen Publikation bloßzustellen. Gerade die Lektoren im Aufbau-Verlag wissen, wie souverän selbst Trivial-Literatur sein kann, die im Dienste des sozialistischen Realismus entsteht. Erik Neutsch zum Beispiel hat 50
Maßstäbe gesetzt, hinter denen Hein nicht zurückbleiben sollte.
In: Märkische Allgemeine vom 28. 01. 1994

2.2 Martin Doerry: Vom Leben mit der Lüge

Im August 1945 muss die 17jährige Ilona R. miterleben, wie zwei russische Soldaten ihre Großmutter vergewaltigen.
Im Januar 1983 darf Ilona, inzwischen stellvertretende Staatssekretärin eines DDR-Ministeriums, in einer Rede vor Berliner Schülern die Ruhmestaten der Roten Armee preisen. Begeistert – und 5
ohne jede Einschränkung – berichtet sie von dem schier grenzenlosen Opfermut russischer Soldaten in der Nachkriegszeit.
„Das war doch nicht nötig", hält ihr Mann ihr wenig später vor, sie habe nur die halbe Wahrheit erzählt. Ilona bricht zusammen und weint hemmungslos. „Du bist ein Faschist", beschimpft sie ihn. 10
Der Ostberliner Schriftsteller Christoph Hein, 49, hat Ilonas Geschichte erfunden, oder besser: der Wirklichkeit nachempfunden – eine Geschichte von Erniedrigung und Heuchelei, vom Leben mit der Lüge in einem Staate namens DDR.

15 Zusammen mit 15 weiteren Erzählungen findet sich die Geschichte in Heins neuem Buch „Exekution eines Kalbes". Lakonisch beschreibt Hein hier die mentalen Defekte im real existierenden
Sozialismus, beschreibt Anpassung und Verrat, Selbstbetrug und
Herzenskälte. Die DDR mag an solchen Schwächen zugrunde ge-
20 gangen sein. Doch die Menschen im Westen sind davon kaum
weniger betroffen. Und eben das macht die beklemmende Kraft
und Wirkung dieser Erzählungen aus.

Die „Exekution eines Kalbes" markiert den Höhepunkt eines Kon-
flikts, der nur vordergründig im Mikrokosmos des Dorfes spielt.
25 Hein beschreibt in Wahrheit die Grundzüge der sozialistischen
Mangelwirtschaft: Das System nimmt die Menschen fortwährend
in die Pflicht – und nimmt ihnen zugleich jede Verantwortung.
Wer sich, wie der Brigadier Sawetzki, um das Wohl der Genossen-
schaft sorgt, verzweifelt bald an der Gleichgültigkeit der Kollegen
30 und der Inkompetenz der Kader.

Den handelnden Personen gönnt der Erzähler kein Mitleid, sie
kommen in der Regel nicht einmal zu Wort. Und immer dann,
wenn Emotionen aufbrechen, geht die Sprache noch mehr auf
Distanz. Hein tarnt die Erregung mit einem bürokratisch umständ-
35 lichen Duktus. [...]

Heins Sachlichkeit folgt einer ehrwürdigen literarischen Tradition.
Er selber beruft sich auf die alten Chronisten, auch auf die Kalen-
dergeschichten Johann Peter Hebels und Bertolt Brechts. „Sina
ira et studio", ohne Zorn und Eifer, also unparteiisch, wolle er er-
40 zählen: „Dieses Schlanke, Gefilterte finde ich einfach schön."
[...]

Selbst die Verhaltensmuster der Figuren dürfen als klassisch gelten – und sind darum so überzeugend. Da gibt es den verbitterten
Kriegskrüppel, der nach sieben Jahren Gefangenschaft heimkehrt
45 und von Frau und Kindern gleich wieder auf die Straße gesetzt
wird. Da will ein begabter Wissenschaftler seinen noch begab-
teren Kollegen durch eine Intrige um die akademische Karriere
bringen. Und da kujoniert ein opportunistischer Uni-Dozent zuerst
die Studenten in Ost-Berlin, um wenig später im öffentlich-rechtli-
50 chen Rundfunk Westdeutschlands aufzusteigen. [...]

In: Der Spiegel vom 28. 02. 1994

3 Urteile über ein Erzähldebüt: Die Schlusssätze von vier Rezensionen zu „Donny hat ein neues Auto und fährt etwas zu schnell" von Arne Nielsen

3.1

Nielsen variiert seine Erzählweise nicht – alle vierzehn Geschichten sind nach demselben Grundmuster verfasst, keine schert aus, der abgeklärte Tonfall nutzt sich ab, und das Makabre verliert nach der zehnten Wiederholung an Brisanz. Arne Nielsen wird erst noch beweisen müssen, dass er nicht nur eine Maschine beherrscht, 5 sondern auch etwas zu sagen hat.

Maike Albath in: Neue Zürcher Zeitung vom 22. 01. 2004

3.2

Nielsen hat sich, in Stil und Anlage der Storys, erkennbar an dem amerikanischen Erzähler Raymond Carver orientiert. Er hat viel von seinem Vorbild gelernt. Zum Beispiel, dass die großen Unglücksfälle und Katastrophen unseres Lebens an kleinen, kaum sichtbaren Randerscheinungen erkennbar werden. Der Anruf 5 eines Nachbarn, ein Truthahn im Backofen und die umständliche Vorbereitung eines allein verzehrten Festessens – schon schimmert die unvermeidliche Katastrophe durch. Dort, wo es ihm gelingt, das Gelernte auch umzusetzen, kann sich Arne Nielsen ersichtlich auf eigene Erfahrung stützen. Er hat einiges dem Leben 10 abgelesen. Aus seinen Geschichten spricht nicht nur der studierte Wirtschaftswissenschaftler, sondern, zu seinem Glück, auch der gelernte Herrenschneider.

Martin Lüdke in: DIE ZEIT vom 13. 11. 2003

3.3

Das Gesellenstück des Herrenschneiders Nielsen ist kein Meisterwerk; es gibt etliche lose Fäden und Flickwerk, hin und wieder auch modische Raymond-Carver-Applikationen. Aber Nielsen hat seinen Stoff lakonisch knapp und kühl auf Kante genäht, und deshalb passt sein erster Anzug gar nicht so übel. 5

Martin Halter in: Frankfurter Allgemeine Zeitung vom 18. 12. 2003

3.4

Arne Nielsens Figuren stehen außerhalb der Gesellschaft. Aber sie verweigern das Reglement nicht in einem Akt der Rebellion. Sie schaffen es einfach nicht. Sie müssen allein bleiben, weil sie ehrlich sind. Wer nicht allein sein will, muss lügen. Dass sie zur
5 Gewalt neigen, macht sie unberechenbar, wie Ed, der ein unschuldiges Huhn erst „auf den Rasen" schlägt. „Dann auf den Gartentisch. Und dann gegen alles." Alle leben sie in einer Welt, die sie verzweifeln lässt. Verrückt schimpft man sie, weil sie nicht gelernt haben, ihre Regungen durch ein schleimiges Lächeln zu
10 kompensieren. Weder verteidigt Arne Nielsen diese Sonderlinge noch verurteilt er sie. Er macht auf sie aufmerksam, in einer sehr lakonischen Sprache. „Ich bin ein Sadist, aber ein vollkommen normaler Mensch" hat Luis Bunuel geschrieben. Arne Nielsens Figuren sind vollkommen normale Menschen.

Tobias Haberl in: Süddeutsche Zeitung vom 14. 10. 2003

4 Die Kurzgeschichte „Am Eisweiler" als Exempel für die Erzählkunst des Schweizers Peter Stamm

4.1 Ulrich Greiner: Drei Kunstgriffe*

[...] Die Geschichte, gerade mal sechs Seiten lang, ist meisterhaft, sie zeigt, was Peter Stamm kann und was ihn antreibt. Das ist erstens die Kunst der Ellipse. Was andere, selbst die mit Recht gerühmten Amerikaner, ausführen oder zumindest andeuten, lässt er einfach weg, erzählt nur in Bruchstücken den äußeren Hergang, 5 lediglich aus der Sicht des jeweiligen Subjekts, das kaum begreift, was ihm widerfährt, das weniger handelt denn erleidet.

Da ist zweitens der Kunstgriff, dass Stamm als Erzähler scheinbar weniger weiß als seine Personen. Er gibt sich, im Gegensatz zum allwissenden Erzähler, als den unwissenden. Psychologie, 10 also die Erläuterung und Deutung der Geschehnisse, fehlt völlig. Natürlich kann der Leser, wenn er will, die Penetration des unglückseligen Urs durch die Pfähle in Verbindung bringen mit jener anderen Penetration, von der er nicht weiß, ob sie stattgefunden hat, und mit jener Schwangerschaft, von der er nicht weiß, wer ihr 15 Verursacher war. Was bleibt, ist eine trunkene Sommernacht und ein plötzlicher Tod.

Und drittens beherrscht Stamm die Kunst, eine Szene mit wenigen Sätzen so zu skizzieren, dass im Kopf des Lesers ein vollständiges Bild entsteht. Stamms Sprache ist von großer Schlichtheit, 20 die Hauptsätze, kaum unterbrochen durch Einschübe, gehen melodisch ineinander über, mit wenigen Adjektiven koloriert er das Ambiente: Es ist karg, aber geschmackvoll eingerichtet.
[...]

In: DIE ZEIT vom 30. 08. 2001

Zu den Autorinnen und Autoren

Sibylle Berg, geb. 1962 in Weimar, verließ 1984 die DDR und lebt seit einiger Zeit in Zürich. Als Erzählerin debütierte sie 1997 mit dem Prosaband *Ein paar Leute suchen das Glück und lachen sich tot* und hat sich inzwischen mit weiteren Erzählungen und auch Romanen in der deutschen Popliteratur-Szene einen Namen gemacht.
Hauptsache weit aus: *Das Unerfreuliche zuerst. Herrengeschichten. Kiepenheuer & Witsch, Köln 2001*

Jenny Erpenbeck, geb. 1967 in Ost-Berlin, lebt heute als freie Schriftstellerin und Regisseurin in Berlin und Graz. Ihr Prosadebüt *Geschichte vom alten Kind* (1999) war ein großer Erfolg und wurde in zahlreiche Sprachen übersetzt.
Sibirien aus: *Tand. Erzählungen. btb Taschenbuch im Goldmann Verlag, München 2003*

Julia Franck, geb. 1970 in Ost-Berlin, wurde nach der Flucht des Vaters 1975 mit dem Rest der Familie 1978 aus der DDR ausgewiesen, lebt seit 1984 in Berlin und studierte dort u. a. Neuere deutsche Literatur. Sie veröffentlichte bisher die zwei Romane *Liebediener* (1999) und *Lagerfeuer* (2003) sowie Kurzgeschichten und erhielt 2000 den 3sat-Literaturpreis.
Die Streuselschnecke aus: *Bauchlandung. Geschichten zum Anfassen. DuMont Buchverlag, Köln 2000*

Susanne Geiger, geb 1964 in Stuttgart, studierte Rhetorik, Germanistik und Romanistik in Tübingen; sie veröffentlichte zahlreiche Erzählungen und Kurzgeschichten; ihr erster Roman, *Stilleben mit Menschen*, erschien 1995. Sie erhielt mehrere Förderpreise und lebt heute als freie Autorin in Stuttgart.
Flucht aus: *Nomaden, Südländer. Oder: Die Wahrheit der Kinder. Prosa. klöpfer & meyer, Tübingen 1997*

Undine Gruenter, geb. 1952 in Köln, studierte Jura, Literaturwissenschaft und Philosophie und lebte seit 1987 in Paris, wo sie im Oktober 2002 starb. Sie schrieb Romane (z. B. *Ein Bild der Unruhe*, 1986) und Erzählungen (z. B. *Sommergäste in Trouville*, 2003) und wurde für die poetische Prägnanz ihrer Sprache gerühmt.
XLII aus: *Epiphanien, abgeblendet. Surhkamp Verlag, Frankfurt/Main 1993*

Christoph Hein, geb. 1944 in Heinzendorf (Schlesien), Studium der Philosophie und Logik in Leipzig und Ost-Berlin, anschließend Dramaturg und Hausautor an der Volksbühne in Ost-Berlin, ist seit 1979 als frei schaffender Autor tätig und lebt heute in einem Dorf in Mecklenburg-Vorpommern. Hein veröffentlichte Theaterstücke, Romane und Erzählungen in der DDR und der Bundesrepublik, wurde mit vielen Preisen ausgezeichnet

und gilt als einer der bedeutendsten Schriftsteller der DDR. In den achtziger Jahren trat er wiederholt als ein scharfer Kritiker der DDR hervor und wurde nach dem Mauerfall zu einem wichtigen Protagonisten der Wendezeit (1998 erster Präsident der Vereinigten Schriftstellerverbände PEN-Ost und PEN-West). In seinem bislang letzten Roman *Landnahme* (2004) geht es um den Lebensweg eines aus Schlesien Vertriebenen in der DDR-Provinz.
Der Krüppel und *Unverhofftes Wiedersehen* aus: *Exekution eines Kalbes und andere Erzählungen. Aufbau Verlag, Berlin und Weimar 1994*

Jakob Hein, geb. 1971 in Leipzig als Sohn des Schriftstellers Christoph Hein, lebt in Berlin und ist hauptberuflich Arzt an der Charité. Er trägt regelmäßig sog. Alltagsprosa auf der Reformbühne „Heim und Welt" im Berliner „Kaffee Burger" vor. *Mein erstes T-Shirt* (2001) ist seine erste Buchveröffentlichung.
Nu werdense nich noch frech aus: *Mein erstes T-Shirt. Piper-Verlag, München 2001*

Judith Hermann, geb. 1970 in West-Berlin, absolvierte nach Abbruch ihres Studiums der Germanistik, Philosophie und Musik (Klavier) die Berliner Journalistenschule. Mit ihrem ersten Erzählband *Sommerhaus, später* (1998) hatte sie großen Erfolg und wurde dafür u. a. mit dem renommierten Kleist-Preis ausgezeichnet (2001). Ihr zweiter Erzählband *Nichts als Gespenster* erschien 2003. Sie lebt heute als Journalistin und freie Schriftstellerin in Berlin.
Zigaretten aus: *Uwe-Michael Gutzschhahn (Hg.): Liebe bis aufs Blut. Geschichten über die Eifersucht. Carl Hanser Verlag, München/Wien 2001*

Felicitas Hoppe, geb. 1960 in Hameln, studierte Literatur und Rhetorik in Tübingen, Berlin, Rom und in den USA und lebt heute als freie Autorin in Berlin. Sie arbeitete als Journalistin und Dramaturgin und veröffentlichte in Zeitungen und beim Rundfunk. Der Kurzgeschichtenband *Picknick der Friseure* (1996) war ihre erste Buchveröffentlichung. 1996 erhielt sie den „Aspekte"-Literaturpreis des ZDF.
Am See aus: *Picknick der Friseure. Geschichten. Rowohlt Verlag, Reinbek bei Hamburg 1996*

Thomas Hürlimann, geb. 1950 in Zug (Schweiz), studierte Philosophie in Zürich und Berlin und lebt seit 1985 als freier Schriftsteller im schweizerischen Willerzell. Hürlimann machte sich einen Namen als Stückeschreiber sowie als Autor von Kurzprosa und längeren Erzählungen. Für sein Erzähldebüt, *Die Tessinerin* (1981), erhielt er zahlreiche Auszeichnungen; im Jahre 2001 wurde ihm mit dem Joseph-Breitbach-Preis der am höchsten dotierte Literaturpreis verliehen. Seine bisher letzte Veröffentlichung ist die längere Erzählung *Fräulein Stark* (2001).
Der Liebhaber der Mutter aus: *Die Satellitenstadt. Geschichten. Ammann Verlag & Co., Zürich 1992*

Zoë Jenny, geb. 1974 in Basel, aufgewachsen u. a. in Griechenland und im Tessin, lebt heute in Basel. Seit 1993 veröffentlicht sie Kurzgeschichten in Literaturzeitschriften und Anthologien. Ihr erster Roman *Das Blütenstaubzimmer* (1997) wurde von Kritik und Publikum begeistert aufgenommen, inzwischen in 20 Sprachen übersetzt und mit mehreren Preisen bedacht. Der Prozess des Erwachsenwerdens und die Auseinandersetzung mit den Lebensentwürfen der Elterngeneration sind auch das Thema der Romane *Der Ruf des Muschelhorns* (2000) und *Ein schnelles Leben* (2002).
Sophies Sommer aus: Petra Oelker (Hg.): Eine starke Verbindung. Mütter, Töchter und andere Weibergeschichten. Rowohlt Taschenbuch Verlag, Reinbek bei Hamburg 2000

Daniel Kehlmann, geb. 1975 in München, studierte Philosophie und Literaturwissenschaften (Promotion über Kant) in Wien , wo er heute lebt. Seinen ersten Roman, *Beerholms Vorstellung*, veröffentlichte er mit 22 Jahren, bis heute sind drei weitere Romane und ein Erzählband von ihm erschienen.
Auflösung aus: Unter der Sonne. Erzählungen. Deuticke Verlag, Wien 1998

Michael Kleeberg, geb. 1959 in Stuttgart, studierte Philosophie und visuelle Kommunikation und leitete nach längeren Auslandsaufenthalten bis 1994 in Paris eine Werbeagentur. Dann lebte er als freier Schriftsteller und Übersetzer in Burgund, seit 2000 in Berlin. Kleeberg veröffentlichte Kurzgeschichtenbände und Romane; sein bisher letzter Roman, *Der König von Korsika*, erschien 2001.
Der Vater von Lise und Birth of the Cool aus: Der Kommunist vom Montmarte. Kiepenheuer & Witsch, Köln 1997

Brigitte Kronauer, geb. 1940 in Essen, studierte Germanistik und Pädagogik, war einige Zeit als Lehrerin tätig und lebt seit 1974 als freie Schriftstellerin in Hamburg. Neben zahlreichen Romanen veröffentlichte sie auch Erzählungen und Essaybände. Ihr Werk wurde mehrfach preisgekrönt, u. a. mit dem Theodor-Fontane-Preis (1985) und dem Heinrich-Böll-Preis (1989)
Der Störenfried aus: Schnurrer. Geschichten. Klett-Cotta, Stuttgart 1992

Günther Kunert, geb. 1929 in Berlin, wegen seiner jüdischen Abstammung Verbot des Besuchs einer weiterführenden Schule; Abitur in Abendkursen; 1946 Beginn eines Grafik-Studiums in Berlin-Weißensee. Seit 1949 lebte Kunert als freier Autor in Ost-Berlin. Er war als Lyriker, Erzähler, Essayist sowie als Autor von Kinderbüchern, Hörspielen und Drehbüchern sehr produktiv und galt zunächst als einer der meist gelesenen Autoren der DDR. Seit den 60er Jahren geriet er jedoch zunehmend in Konflikt mit den DDR-Behörden, wurde 1977 aus der SED ausgeschlossen und durfte 1979 in den Westen ausreisen. Der Ton der Skepsis und Verzweiflung ist ihm aber auch nach dem deutsch-deutschen Ortswechsel geblieben. Kunert lebt heute in Kaisbortel/Schleswig-Holstein.
Lorenz aus: Die Welt vom 19. 03. 1994

Gert Loschütz, geb. 1946 in Genthin (Brandenburg), siedelte 1957 in die Bundesrepublik über, studierte Geschichte, Philosophie und Soziologie an der FU Berlin und lebt heute als freier Autor in Frankfurt/Main. Er schrieb Lyrik und Prosa, Theaterstücke und Hörspiele, darunter auch einige für Kinder. Sein Werk wurde mit zahlreichen Preisen ausgezeichnet.
Aquarium aus: Lassen Sie mich, bevor ich weiter muss, von drei Frauen erzählen. Geschichten. Luchterhand Literaturverlag, Frankfurt/Main 1990

Jagoda Marinić, geb. 1977 in Waiblingen (bei Stuttgart) als Tochter kroatischer Migranten, lebt heute in Heidelberg. Für erste erzählerische Arbeiten erhielt sie 1999 ein Stipendium der Hermann-Lenz-Stiftung. Ihr erster Erzählband, *Eigentlich ein Heiratsantrag*, der 2001 herauskam, wurde von der Kritik positiv gewürdigt.
Kurzbiografie aus: Eigentlich ein Heiratsantrag. Geschichten. Suhrkamp Verlag, Frankfurt/Main 2001

Milena Moser, geb. 1963 in Zürich, absolvierte eine Buchhändlerlehre und schrieb danach für Schweizer Rundfunkanstalten. Ihr erster Roman, *Die Putzfraueninsel* (1991), wurde ein Riesenerfolg, ebenso der Geschichtenband *Das Schlampenbuch* (1992); ihr bisher letztes Buch heißt *Sofa, Yoga, Mord* (2003). Moser lebt seit 1998 mit ihrer Familie in San Francisco.
Der Hund hinkt aus: Die Schweiz erzählt. Fischer Taschenbuch Verlag, Frankfurt/Main 1998

Arne Nielsen, geb. 1971 in Dänemark, lebt mit seiner Familie in Hamburg. Er studierte Wirtschaftswissenschaften und ist ausgebildeter Herrenschneider; er arbeitete auch als Tankwart, Friedhofsgärtner und Konsularbeamter. Der Erzählband *Donny hat ein neues Auto und fährt ein bisschen zu schnell* ist sein erstes Buch.
Donny hat ein neues Auto und fährt etwas zu schnell aus: Donny hat ein neues Auto und fährt etwas zu schnell. Erzählungen. Verlagsbuchhandlung Liebeskind, München 2003

Robert Naumann
Wie meine Karriere mal einen ganz schönen Knacks bekam aus: Wladimir Kaminer (Hg.): Frische Goldjungs. Storys. Goldmann Verlag, München 2001

Selim Özdogan, geb. 1971, studierte einige Semester Völkerkunde und Philosophie und arbeitete als Mülltonnenverteiler und Sexgeschichtenschreiber. Seit 1995 lebt er als freier Autor in Köln. Er veröffentlichte Romane und Kurzgeschichten und erhielt 1999 den Adalbert-von-Chamisso-Preis.
Marita aus: Trinkgeld vom Schicksal. Geschichten. Aufbau Taschenbuch Verlag, Berlin 2003

Georg M. Oswald, geb. 1963 in München, studierte Jura und lebt heute als Anwalt und Schriftsteller in München. Der internationale Durchbruch gelang ihm im Jahr 2000 mit dem Roman *Alles was zählt*. Sein bislang

letztes Werk ist der Roman *Im Himmel* (2003). Oswald erhielt zahlreiche Preise, darunter 1995 den Bayerischen Staatsförderpreis für Literatur.
Das Loch aus: *Das Loch. Neun Romane aus der Nachbarschaft.* Albrecht Knaus Verlag, München 1995

Karin Reschke, geb. 1940 in Krakau, aufgewachsen in Berlin, studierte Germanistik in München und arbeitete anschließend für den Rundfunk und verschiedene Zeitschriften. Seit 1984 lebt sie als freie Autorin in Berlin. Sie veröffentlichte Romane und Erzählungen und ihre Werke wurden mehrfach ausgezeichnet, u. a. mit dem FAZ-Literaturpreis (1992).
An den Strand aus: *Kuschelfisch. Erzählungen.* Hoffmann und Campe Verlag, Hamburg 1996

Claudia Rusch, geb. 1971 in Stralsund, aufgewachsen auf der Insel Rügen, in Grünheide in der Mark Brandenburg (in der Nachbarschaft des Dissidenten-Ehepaares Havemann) und seit 1982 in Berlin, studierte Germanistik und Romanistik, arbeitete sechs Jahre als Fernsehredakteurin und lebt seit 2001 als freie Autorin in Berlin.
Peggy und der Schatten von Ernst Thälmann aus: *Meine Freie Deutsche Jugend.* S. Fischer Verlag, Frankfurt/Main 2003

Burkhard Spinnen, geb. 1956 in Mönchengladbach, Studium der Germanistik, Promotion 1989, bis 1995 wissenschaftlicher Assistent; seitdem lebt er als freier Autor in Münster. Er hat mehrere Erzählbände veröffentlicht, u. a. *Dicker Mann im Meer* (1991) und *Trost und Reserve* (1996) sowie den Roman *Langer Samstag* (1995).
Gründe für ein Massaker aus: *Trost und Reserve.* Schöffling & Co, Frankfurt/Main 1996

Peter Stamm, geb. 1963, studierte nach einer kaufmännischen Lehre mehrere Semester Anglistik, Psychologie und Wirtschaftsinformatik. Seit 1990 arbeitet er als freier Autor und Journalist, seit 1997 als Redakteur der Literaturzeitschrift „Entwürfe der Literatur" und lebt heute in Zürich. Stamm veröffentlichte bisher zwei Romane und zwei Kurzgeschichtensammlungen und wurde u. a. mit dem Rauriser Literaturpreis ausgezeichnet.
Der Besuch aus: *In fremden Gärten. Erzählungen.* Arche Verlag, Zürich/Hamburg 2003
Am Eisweiler aus: *Blitzeis. Erzählungen.* Arche Verlag, Zürich 1999

Stefanie Viereck, geb. 1955 in Hamburg, war nach dem Studium der Volkswirtschaft und mehrjährigem Aufenthalt in New York als Journalistin u. a. für die ZEIT und das „Manager Magazin" tätig. Seit 1986 lebt sie als freie Autorin in Schleswig-Holstein. Der Erzählband *Isabel bei den Fischen* (1999) ist nach einer Ricarda-Huch-Biografie ihre erste literarische Buchveröffentlichung. 2002 erschien ihr Roman *Der blaue Grund.*
Am Ende des Dorfes aus: *Isabel bei den Fischen. Erzählungen.* ROSPO Verlag, Hamburg 1999

Inhaltsverzeichnis

*Mit * gekennzeichnete Überschriften stammen von der Redaktion*

Textquellenverzeichnis

S. 136: Aus einem Sachwörterbuch … In: Meid, Volker: Sachwörterbuch zur deutschen Literatur. Stuttgart: Philipp Reclam jun. 1999: 287 f. **S.137**: Aus einem Lehrbuch: Heinrich, Hans: Kurzgeschichten. Donauwörth: Auer Verlag 2002: 124; Manfred Durzak: Formelemente der Kurzgeschichte. In: Durzak, Manfred: Die deutsche Kurzgeschichte der Gegenwart. 3., erweiterte Auflage, Würzburg: Königshausen & Neumann 2002: 302 ff. **S. 142**: Illies, Florian: Generation Golf. Berlin: Argon Verlag 2000: 145 f. 152 f. 165 f. **S. 144**: Günter Grass: „Wir sind anders. Wir wollen Spaß". In: Grass, Günter: Mein Jahrhundert. Göttingen: Steidl Verlag 1999: 389 ff. **S. 146**: Benjamin von Stuckrad-Barre: Ironie. In: Frank, Dirk (Hg.): Popliteratur. Arbeitstexte für den Unterricht. Stuttgart: Philipp Reclam jun. 2003: 139 ff. **S. 147**: Magenau, Jörg: Literatur als Selbstverständigungsmedium einer Generation. In: Zeitschrift für Literaturwissenschaft und Linguistik H. 124, 31. Jg., 2001: 56 ff. **S. 149**: Zeh, Juli: Sag nicht Er zu mir oder: Vom Verschwinden des Erzählers im Autor. In: Literaturen. Das Journal für Bücher und Themen. Berlin: Friedrich Verlag, 5. Jg. März 2004: 30 ff. **S. 151**: Anna Mitgutsch: Zeitgenossenschaft des Autors. Aus: Mitgutsch, Anna: Autor und Leser. In: Mitgutsch, Anna: Erinnern und Erfinden. Grazer Poetik-Vorlesungen. Graz/Wien: Literaturverlag Droschl 1999: 81 ff. **S. 153–158**: In: Lenz, Daniel / Pütz, Eric: LebensBeschreibungen. Zwanzig Gespräche mit Schriftstellern. München: edition text und kritik 2000: 234 199/202 115/120 240 f 163. **S.159**: Christoph Ransmayr: Die Erfindung der Welt. In Ransmayr, Christoph: Die Verbeugung des Riesen. Vom Erzählen. Frankfurt/Main: S. Fischer Verlag 2003: 117 ff.

Bildquellenverzeichnis

Coverbild, S. 7, 13, 49, 65, 117, 135: Kerstin zu Pan@zu.pan.com, Berlin. **S. 139.1**: Picture-Alliance (Lehtikuva Oy), Frankfurt a. M. **S. 139.2**: Picture-Alliance (Flash Press), Frankfurt a. M. S. **139.3**: Picture-Alliance (AFP), Frankfurt a. M. *S.* **139.4**: Picture-Alliance (dpa/Bauer), Frankfurt a. M. S. **139.5**: Picture-Alliance (dpa/ Tschauner), Frankfurt; **S. 139.6**: Picture-Alliance (dpa/epa tass), Frankfurt a. M. **S. 139.7**: mecom (Jocker/Baier), Hamburg. **S. 140.1**: Picture-Alliance (dpa/Rehder), Frankfurt a. M. **S. 140.2**: Picture-Alliance (Picture Press/CAMERA PRESS), Frankfurt a. M. **S. 140.3**: Picture-Alliance (dpa/Gerten), Frankfurt a. M. **S. 140.4**: ullstein bild (Reuters), Berlin; **S. 140.5**:Picture-Alliance (dpa/Nietfeld), Frankfurt a. M. **S. 140.6**: Picture-Alliance (dpa/Pfeiffer), Frankfurt a. M. **S. 141.1**: Picture-Alliance (KPA/Picture24/Koch), Frankfurt a. M. **S. 141.2**: ullstein bild (Reuters), Berlin. **S. 141.3**: ullstein bild (AP), Berlin. **S. 141.4**: Picture-Alliance (dpa/Grubitzsch), Frankfurt a. M. **S.141.5**: Picture-Alliance (dap/epa), Frankfurt a. M. **S. 141.6**: Cinetext, Frankfurt a. M. **S. 141.7**: mecom (ddp/Oliver Lang), Hamburg. **S. 145**: archivberlin (Travelstock44), Berlin. **S. 153, 154, 155, 157**: Peter Peitsch, Hamburg. **S. 158**: Picture-Alliance (dpa/Wrede), Frankfurt a. M. **S. 159**: Peter Peitsch, Hamburg.